W0252549

Dr. Oetker

Torten für Könner

Dr. Oetker

Torten für Könner

Dr. Oetker Verlag

Vorwort

Sie haben viel Freude daran, Neues auszuprobieren und ganz besondere Torten zu zaubern? Dann ist dieses Buch genau das Richtige für Sie – mit über 50 Rezepten, die den Torten aus der Konditorei in nichts nachstehen.

Hier warten neue Herausforderungen in Form von fantasievollen, beeindruckenden Tortenträumen darauf, von Ihnen gebacken, liebevoll garniert und verziert und auf die Kaffeetafel gebracht zu werden.

Ob Sie die Torten zubereiten, um Ihre Familie zu erfreuen oder sie verschenken wollen – die leckeren Kunstwerke werden für Aufsehen sorgen.

So finden Sie in diesem Buch nicht nur Rezepte für Klassiker wie die „Zuger Kirschtorte", sondern auch für Kinderträume wie die „Mensch-ärgere-dich-nicht-Torte". Auch Torten für festliche Anlässe wie die „Konfekt-Hochzeitstorte" und fruchtige Torten wie die „Kronentorte mit Mangocreme" kommen nicht zu kurz.

Alle Rezepte sind wie immer von Dr. Oetker entwickelt und so beschrieben, dass sie Ihnen gut gelingen.

Abkürzungen

EL	= Esslöffel
TL	= Teelöffel
Msp.	= Messerspitze
Pck.	= Packung/Päckchen
g	= Gramm
kg	= Kilogramm
ml	= Milliliter
l	= Liter
evtl.	= eventuell
geh.	= gehäuft
gestr.	= gestrichen
TK	= Tiefkühlprodukt
°C	= Grad Celsius
Ø	= Durchmesser
E	= Eiweiß
F	= Fett
Kh	= Kohlenhydrate
kcal	= Kilokalorien
kJ	= Kilojoule

Hinweise zu den Rezepten

Lesen Sie bitte vor der Zubereitung – besser noch vor dem Einkaufen – das Rezept einmal vollständig durch. Oft werden Arbeitsabläufe oder -zusammenhänge dann klarer.

Die in den Rezepten angegebenen Backtemperaturen und -zeiten sind Richtwerte, die je nach individueller Hitzeleistung des Backofens über- oder unterschritten werden können. Bitte beachten Sie deshalb bei der Einstellung des Backofens die Gebrauchsanweisung des Herstellers und machen Sie nach Beendigung der Backzeit eine Garprobe.

Bitte beachten Sie den Ratgeber am Ende des Buches.

Zubereitungszeiten

Die Zubereitungszeit beinhaltet nur die Zeit für die eigentliche Zubereitung, die Backzeiten sind gesondert ausgewiesen. Längere Wartezeiten, wie z. B. Kühlzeiten, sind ebenfalls nicht mit einbezogen.

Kapitelübersicht

Kapitelübersicht

Mozartkugel-Torte

Raffiniert

Für den Rührteig:
150 g Butter oder Margarine
100 g Zucker
1 Pck. Dr. Oetker Vanillin-Zucker
1 Pck. Dr. Oetker Finesse Jamaica-Rum-Aroma
3 Eier (Größe M)
100 g Weizenmehl
1 Pck. Dr. Oetker Pudding-Pulver Schokoladen-Geschmack
2 gestr. TL Dr. Oetker Backin
50 g abgezogene, gemahlene Mandeln

100 g Mozartkugeln

Zum Bestreichen:
2–3 EL Wild-Preiselbeeren (aus dem Glas)

Für die Füllung:
3 Blatt weiße Gelatine
75 g Vollmilch-Kuvertüre
250 ml (1/4 l) Schlagsahne

Für den Belag:
125 g Marzipan-Rohmasse
25 g gesiebter Puderzucker
50 g Halbbitter-Kuvertüre
6 Mozartkugeln

Zubereitungszeit:
50 Minuten, ohne Kühlzeit, und 25–30 Minuten Backzeit

Insgesamt:
E: 102 g, F: 415 g, Kh: 486 g, kJ: 25467, kcal: 6100

1 Für den Teig Butter oder Margarine mit Handrührgerät mit Rührbesen auf höchster Stufe geschmeidig rühren. Nach und nach Zucker, Vanillin-Zucker und Rum-Aroma unterrühren. So lange rühren, bis eine gebundene Masse entstanden ist. Eier nach und nach unterrühren (jedes Ei etwa 1/2 Minute). Mehl mit Pudding-Pulver und Backin mischen, sieben und in 2 Portionen auf mittlerer Stufe unterrühren. Mandeln unterrühren. Die Hälfte des Teiges in eine Springform (Ø 26 cm, Boden gefettet, mit Backpapier belegt) füllen.

2 Die Mozartkugeln halbieren, mit der Schnittfläche nach oben auf den Teig legen und etwas andrücken. Den restlichen Teig darauf geben und glatt streichen. Die Form auf dem Rost in den Backofen schieben.

Ober-/Unterhitze: etwa 180 °C (vorgeheizt)
Heißluft: etwa 160 °C (vorgeheizt)
Gas: Stufe 2–3 (vorgeheizt)
Backzeit: 25–30 Minuten.

3 Den Boden aus der Form lösen und auf einem Kuchenrost erkalten lassen, anschließend mitgebackenes Backppapier abziehen. Die Preiselbeeren durch ein Sieb streichen und den erkalteten Kuchen damit bestreichen.

4 Für die Füllung Gelatine einweichen. Kuvertüre auflösen und abkühlen lassen. Sahne steif schlagen. Gelatine auflösen und mit der Kuvertüre vorsichtig unter die Sahne rühren. Die Schokoladensahne kuppelartig auf den Boden streichen und die Torte etwa 2 Stunden kalt stellen.

5 Für den Belag Marzipan mit Puderzucker verkneten und zu einer runden Platte (Ø etwa 30 cm) ausrollen (nach Belieben ein Muster in die Marzipandecke eindrücken). Die Marzipanplatte vorsichtig auf die Schokoladensahne legen und den Rand andrücken.

6 Kuvertüre auflösen und in ein Papiertütchen oder einen kleinen Gefrierbeutel füllen. Eine kleine Ecke abschneiden und 12 Kuvertürepunkte an den Rand der Tortenoberfläche setzen. Mozartkugeln halbieren, die Hälften mit der Schnittfläche in die Schokoladenpunkte drücken und fest werden lassen. Die Torte mit der restlichen Kuvertüre verzieren.

Orangen-Cointreau-Torte

Dauert länger – Mit Alkohol

Für den Knetteig:
450 g Weizenmehl
2 gestr. TL Dr. Oetker Backin
120 g Puderzucker
1 Pck. Dr. Oetker Vanillin-Zucker
3 Eier (Größe M)
1/2 Pck. Dr. Oetker Finesse Orangenfrucht
225 g Butter oder Margarine

Für die Füllung:
3 Eier (Größe M)
125 g Zucker
150 ml Orangensaft
30 g Speisestärke
4–5 EL Cointreau (Orangenlikör)
100 g Butter

Zum Bestreichen:
200 g weiße Schokolade
100 ml Schlagsahne
100 g Butter
etwa 2 EL Cointreau

Zum Garnieren:
100 g Marzipan-Rohmasse
1/2 Pck. Dr. Oetker Finesse Orangenfrucht
1 EL gesiebter Puderzucker
50 g Orangenmarmelade
kandierte Orangenscheiben

Zubereitungszeit:
120 Minuten, ohne Kühlzeit, und etwa 60 Minuten Backzeit

Insgesamt:
E: 121 g, F: 535 g, Kh: 886 g, kJ: 37562, kcal: 8970

1 Für den Teig Mehl mit Backin und Puderzucker mischen und in eine Rührschüssel sieben. Restliche Zutaten hinzufügen und mit Handrührgerät mit Knethaken zunächst kurz auf niedrigster, dann auf höchster Stufe gut durcharbeiten. Anschließend auf der leicht bemehlten Arbeitsfläche kurz zu einem Teig verkneten. Teig in 5 Portionen teilen, nacheinander jede Portion auf einem Springformboden (Ø 26 cm, gefettet) ausrollen, mehrmals mit einer Gabel einstechen und auf dem Rost in den Backofen schieben.

Ober-/Unterhitze: etwa 200 °C (vorgeheizt)
Heißluft: etwa 180 °C (vorgeheizt)
Gas: Stufe 3–4 (vorgeheizt)
Backzeit: etwa 12 Minuten je Boden.

2 Die Böden sofort vom Springformboden lösen, jeweils vorsichtig auf einen mit Backpapier belegten Kuchenrost ziehen und erkalten lassen.

3 Für die Füllung Eier mit Zucker, Orangensaft und Speisestärke in einem Topf unter ständigem Rühren zum Kochen bringen, von der Kochstelle nehmen, Cointreau unterrühren und Butter nach und nach unterschlagen. Die Creme erkalten lassen, anschließend 4 der Gebäckböden mit jeweils einem Viertel der Creme bestreichen, aufeinander setzten und den nicht bestrichenen Boden auflegen. Die Torte etwa 1 Stunde kalt stellen.

4 Zum Bestreichen Schokolade fein hacken. Sahne aufkochen lassen, von der Kochstelle nehmen und die Schokolade darin unter Rühren auflösen. Butter unterrühren, die Creme mit Cointreau abschmecken und kalt stellen. Kurz bevor die Creme fest ist, sie mit Handrührgerät mit Rührbesen cremig aufschlagen und die Torte vollständig damit bestreichen. Die Torte 2–3 Stunden kalt stellen.

5 Zum Garnieren Marzipan mit Orangenfrucht und Puderzucker geschmeidig kneten, dünn ausrollen und 12 Kreise mit gezacktem Rand (Ø etwa 4 cm) ausstechen. Die Kreise so zusammendrücken, dass eine große und eine kleine Öffnung entsteht. Die große Öffnung mit glatt gerührter Marmelade füllen. Erst die Orangenscheiben, dann die Tütchen auf die Tortenoberfläche an den Rand legen.

Tipp: Die Torte gut durchgezogen und gut gekühlt servieren.
Sie kann zusätzlich mit Orangenstreifen garniert werden.
Die Böden können auch auf Backpapier ausgerollt und dann auf dem Backblech gebacken werden.

Aida-Torte

Beliebt – Mit Alkohol

Für die Füllung:
125 ml (1/8 l) Schlagsahne
300 g Zartbitterschokolade
1 Pck. Dr. Oetker Vanillin-Zucker
2 EL Orangenlikör

Für den Nuss-Biskuitteig:
2 Eier (Größe M)
2 EL heißes Wasser
75 g Zucker
1 Pck. Dr. Oetker Vanillin-Zucker
50 g Weizenmehl
50 g Speisestärke
1/2 gestr. TL Dr. Oetker Backin
25 g gemahlene Haselnusskerne

Für den Schoko-Biskuitteig:
2 Eier (Größe M)
2 EL heißes Wasser
75 g Zucker
1 Pck. Dr. Oetker Vanillin-Zucker
50 g Weizenmehl
50 g Speisestärke
1/2 gestr. TL Dr. Oetker Backin
30 g geriebene Zartbitterschokolade

Für den Guss:
200 g Zartbitterschokolade
1 EL Speiseöl

Zum Garnieren:
je 50 g Vollmilch-, Zartbitter- und weiße Schokolade

Zubereitungszeit:
60 Minuten, ohne Kühlzeit, und etwa 50 Minuten Backzeit

Insgesamt:
E: 91 g, F: 319 g, Kh: 676 g, kJ: 24977, kcal: 5978

1 Für die Füllung die Sahne in einem Topf erhitzen. Die Schokolade zerkleinern und unter Rühren darin auflösen. Vanillin-Zucker und Orangenlikör unterrühren, bis eine cremige Masse entstanden ist. Die Creme in eine Rührschüssel füllen und einige Stunden kalt stellen.

2 Für den Nuss-Biskuitteig Eier und Wasser mit Handrührgerät mit Rührbesen auf höchster Stufe in 1 Minute schaumig schlagen. Zucker mit Vanillin-Zucker mischen, in 1 Minute einstreuen, dann noch etwa 2 Minuten schlagen. Mehl, Speisestärke und Backin mischen, auf die Eiercreme sieben und kurz auf niedrigster Stufe unterrühren. Zuletzt Haselnusskerne kurz unterrühren. Den Teig in eine Springform (Ø 26 cm, Boden gefettet, mit Backpapier belegt) füllen und glatt streichen. Die Form auf dem Rost in den Backofen schieben.

Ober-/Unterhitze: etwa 180 °C (vorgeheizt)
Heißluft: etwa 160 °C (vorgeheizt)
Gas: Stufe 2–3 (vorgeheizt)
Backzeit: etwa 25 Minuten.

3 Den Schoko-Biskuitteig ebenso zubereiten, statt Haselnusskerne zuletzt Schokolade unterrühren und den Boden ebenso **bei gleicher Backofeneinstellung etwa 25 Minuten backen**. Die Böden aus der Form lösen, je auf einen mit Backpapier belegten Kuchenrost stürzen und erkalten lassen. Anschließend mitgebackenes Backpapier abziehen und jeden Boden einmal waagerecht durchschneiden.

4 Die kalt gestellte Schokocreme cremig aufschlagen. Den unteren Nussboden auf eine Tortenplatte legen, mit einem Drittel der Creme bestreichen und mit dem unteren Schokoboden bedecken. Die Hälfte der restlichen Creme aufstreichen, mit dem oberen Nussboden bedecken, mit der restlichen Creme bestreichen, den oberen Schokoboden darauf legen und leicht andrücken. Die Torte kurz kalt stellen.

5 Für den Guss Schokolade mit Öl auflösen, die Torte damit überziehen und fest werden lassen.

6 Zum Garnieren die Schokoladensorten voneinander getrennt auflösen, auf Backpapier streichen und fest werden lassen (nicht kalt stellen). Mit einem Spachtel breite Locken abschaben und vor dem Servieren die Torte mit den Locken garnieren.

Tipp: Für eine alkoholfreie Variante können Sie den Orangenlikör ersatzlos weglassen.

Mohn-Punschtorte

Für Gäste – Mit Alkohol

Für den Rührteig:
150 g Butter oder Margarine
125 g Zucker
1 Pck. Dr. Oetker Bourbon-Vanille-Zucker
1 Msp. gemahlener Zimt
4 Eier (Größe M)
125 g Weizenmehl
3 gestr. TL Dr. Oetker Backin
50 g Mohnsamen

Für die Füllung:
1 Glas (385 g) Pflaumen (Zwetschen)
250 ml (1/4 l) Pflaumensaft aus dem Glas
20 g Zucker
1 Pck. Tortenguss, klar

Für die Punschcreme:
3 Blatt rote Gelatine
3 Blatt weiße Gelatine
250 ml (1/4 l) Glühwein
400 ml Schlagsahne
30–50 g Zucker (je nach Süße des Glühweines)
etwas gemahlener Zimt

Zum Garnieren:
100 g Halbbitter-Kuvertüre
1–2 TL Speiseöl

Zubereitungszeit:
60 Minuten, ohne Kühlzeit, und etwa 35 Minuten Backzeit

Insgesamt:
E: 83 g, F: 330 g, Kh: 481 g, kJ: 22439, kcal: 5365

1 Für den Teig Butter oder Margarine mit Handrührgerät mit Rührbesen auf höchster Stufe geschmeidig rühren. Nach und nach Zucker, Vanille-Zucker und Zimt unterrühren. So lange rühren, bis eine gebundene Masse entstanden ist. Eier nach und nach unterrühren (jedes Ei etwa 1/2 Minute). Mehl mit Backin mischen, sieben und in 2 Portionen abwechselnd mit dem Mohn auf mittlerer Stufe unterrühren. Den Teig in eine Springform (Ø 26 cm, Boden gefettet, mit Backpapier belegt) füllen und glatt streichen. Die Form auf dem Rost in den Backofen schieben.

Ober-/Unterhitze: etwa 180 °C (vorgeheizt)
Heißluft: etwa 160 °C (nicht vorgeheizt)
Gas: Stufe 2–3 (nicht vorgeheizt)
Backzeit: etwa 35 Minuten.

2 Den Boden auf einen mit Backpapier belegten Kuchenrost stürzen und erkalten lassen, anschließend mitgebackenes Backpapier abziehen und den Boden einmal waagerecht durchschneiden. Unteren Boden auf eine Tortenplatte legen und einen Tortenring oder den gesäuberten Springformrand darumstellen.

3 Für die Füllung Pflaumen in einem Sieb abtropfen lassen, den Saft dabei auffangen und 250 ml (1/4 l) davon abmessen. Die Pflaumen auf dem Boden verteilen, dabei 1 cm am Rand frei lassen. Aus Saft, Zucker und Tortenguss nach Packungsanleitung einen Guss zubereiten, auf die Pflaumen gießen und erkalten lassen.

4 Für die Punschcreme beide Gelatinesorten zusammen einweichen, anschließend ausdrücken und auflösen. Nach und nach Glühwein hinzufügen und die Flüssigkeit kalt stellen. Sobald die Flüssigkeit beginnt dicklich zu werden, Sahne mit Zucker und Zimt steif schlagen und die Zimtsahne unter die Glühweinmasse heben. Zwei Drittel der Punschcreme auf die Pflaumen geben und glatt streichen. Den oberen Boden auflegen, leicht andrücken und die restliche Punschcreme darauf verstreichen. Die Torte etwa 3 Stunden kalt stellen.

5 Zum Garnieren Kuvertüre mit Öl auflösen, dünn auf Backpapier verstreichen und fest werden lassen (nicht kalt stellen). Anschließend mit Ausstechformen Motive (z. B. Sterne) ausstechen. Die Torte aus dem Tortenring oder Springformrand lösen und Rand und Oberfläche mit den Motiven garnieren.

Tipp: Die Torte kann gut am Vortag zubereitet werden.
Glühwein kann auch durch Rotwein ersetzt werden, dann den Rotwein nach Belieben würzen.
Die Torte ist ohne Schokomotive gefriergeeignet.

Corvey-Spezial-Torte

Für Gäste

Zum Beträufeln:
125 ml (1/8 l) Wasser
60 g Zucker, 4 EL Kirschwasser

Für den Knetteig:
175 g Weizenmehl
1 gestr. TL Dr. Oetker Backin
50 g Zucker
2 Pck. Dr. Oetker Vanillin-Zucker
125 g Butter oder Margarine

Für den Biskuitteig:
4 Eier (Größe M)
150 g Zucker
1 Pck. Dr. Oetker Vanillin-Zucker
75 g Weizenmehl
75 g Speisestärke
4 gestr. TL Dr. Oetker Backin
200 g zerlassene, abgekühlte Butter

Für die Buttercreme:
400 g weiche Butter
1 Pck. Dr. Oetker Finesse Bourbon-Vanille-Aroma
3 frische Eier (Größe M)
150 g Zucker

Zum Bestreichen:
6 EL Preiselbeerkonfitüre

Für den Guss:
200 g Halbbitter-Kuvertüre
1 EL Speiseöl

Zum Garnieren:
Preiselbeerkonfitüre

Zubereitungszeit:
60 Minuten, ohne Kühlzeit, und etwa 27 Minuten Backzeit

Insgesamt:
E: 96 g, F: 730 g, Kh: 992 g, kJ: 46235, kcal: 11049

1 Zum Beträufeln Wasser mit Zucker unter Rühren erhitzen, bis der Zucker gelöst ist. Kirschwasser hinzufügen und alles erkalten lassen.

2 Für den Knetteig Mehl mit Backin mischen und in eine Rührschüssel sieben. Zucker, Vanillin-Zucker und Butter oder Margarine hinzufügen. Die Zutaten mit Handrührgerät mit Knethaken zunächst kurz auf niedrigster, dann auf höchster Stufe gut durcharbeiten, anschließend auf der leicht bemehlten Arbeitsfläche kurz zu einem Teig verkneten. Den Teig auf dem Boden einer Springform (Ø 26 cm, gefettet) ausrollen. Den Springformrand darumlegen und die Form auf dem Rost in den Backofen schieben.

Ober-/Unterhitze: etwa 200 °C (vorgeheizt)
Heißluft: etwa 180 °C (vorgeheizt)
Gas: Stufe 3–4 (vorgeheizt)
Backzeit: etwa 15 Minuten.

3 Den Boden vom Springformboden lösen, aber darauf auf einem Kuchenrost erkalten lassen.

4 Für den Biskuitteig Eier mit Handrührgerät mit Rührbesen auf höchster Stufe in 1 Minute schaumig schlagen. Zucker mit Vanillin-Zucker mischen, in 1 Minute einstreuen, dann noch 2 Minuten schlagen. Mehl mit Speisestärke und Backin mischen, auf die Eiercreme sieben und kurz auf niedrigster Stufe unterrühren. Butter nach und nach kurz unterrühren.

5 Den Teig auf ein Backblech (gefettet, mit Backpapier belegt) streichen. Das Backblech in den Backofen schieben und **bei gleicher Backofeneinstellung etwa 12 Minuten backen**. Sofort nach dem Backen den Biskuit auf ein mit Zucker bestreutes Backpapier stürzen. Mitgebackenes Backpapier mit Wasser bestreichen und vorsichtig, aber schnell abziehen.

6 Für die Buttercreme Butter geschmeidig rühren. Aroma hinzufügen. Eier mit Zucker in einer Schüssel im heißen Wasserbad zu einer schaumigen Masse schlagen (etwa 5 Minuten). Schüssel aus dem Wasserbad nehmen, Masse wieder kalt schlagen und unter die Butter rühren. Etwas von der Creme zum Verzieren in einen Spritzbeutel füllen.

7 Den Knetteigboden auf eine Tortenplatte legen und mit 2 Esslöffeln Preiselbeerkonfitüre bestreichen. Biskuitplatte mit Kirschwassermischung beträufeln, erst mit zwei Dritteln Buttercreme, dann mit 4 Esslöffeln Preiselbeerkonfitüre bestreichen. Die Platte der Länge nach in 6 etwa 5 cm breite Streifen schneiden. Den ersten Streifen schneckenförmig aufrollen und in die Mitte des Knetteigbodens stellen. Die übrigen Streifen quer in Hälften schneiden und nacheinander um die Schnecke legen, so dass eine Torte entsteht. Rand und Oberfläche der Torte mit der restlichen Buttercreme bestreichen und die Torte etwa 2 Stunden kalt stellen.

(Fortsetzung Seite 18)

8 Für den Guss Kuvertüre mit Öl auflösen. Die Torte damit überziehen und den Guss fest werden lassen. Die Torte mit der zurückgelassenen Creme verzieren und mit Preiselbeerkonfitüre garnieren.

Tipp: Für die Buttercreme nur ganz frische Eier verwenden, die nicht älter als 5 Tage sind (Legedatum beachten). Die Torte im Kühlschrank aufbewahren und innerhalb von 24 Stunden verzehren.

Trüffeltorte

Gut vorzubereiten

Zum Vorbereiten:
100 g Zartbitterschokolade
250 ml (1/4 l) Schlagsahne

Für den Biskuitteig:
75 g Zartbitterschokolade
4 Eigelb (Größe M)
100 g Zucker
1 Pck. Dr. Oetker Vanillin-Zucker
4 Eiweiß (Größe M)
30 g Zucker
150 g Weizenmehl
2 gestr. TL Dr. Oetker Backin

Für die Trüffelsahne:
250 ml (1/4 l) Schlagsahne
2 Pck. Dr. Oetker Sahnesteif
1 Pck. Dr. Oetker Finesse Jamaica-Rum-Aroma

Zum Bestreuen und Garnieren:
geschabte Halbbitter-Kuvertüre
Kakaopulver
Puderzucker
einige Trüffelpralinen

Zubereitungszeit:
60 Minuten, ohne Kühlzeit, und etwa 40 Minuten Backzeit

Insgesamt:
E: 76 g, F: 282 g, Kh: 424 g, kJ: 18976, kcal: 4533

1 Zum Vorbereiten Schokolade in Stücke brechen. Sahne erhitzen, Schokolade unter Rühren darin auflösen, in eine Rührschüssel umfüllen und mit Frischhaltefolie zugedeckt über Nacht kalt stellen.

2 Für den Teig Schokolade auflösen und abkühlen lassen. Eigelb mit Handrührgerät mit Rührbesen auf höchster Stufe in 1 Minute schaumig schlagen. Zucker mit Vanillin-Zucker mischen und nach und nach unter das Eigelb schlagen. Aufgelöste Schokolade zur Eigelb-Zucker-Masse geben und so lange schlagen, bis eine cremeartige Masse entstanden ist. Eiweiß mit Zucker sehr steif schlagen und unterheben. Mehl mit Backin mischen, auf die Eiercreme sieben und kurz unterziehen. Den Teig in eine Springform (Ø 26 cm, Boden gefettet, mit Backpapier belegt) füllen. Die Form auf dem Rost in den Backofen schieben.

Ober-/Unterhitze: etwa 180 °C (vorgeheizt)
Heißluft: etwa 160 °C (nicht vorgeheizt)
Gas: Stufe 2–3 (nicht vorgeheizt)
Backzeit: etwa 40 Minuten.

3 Boden aus der Form lösen, auf einen mit Backpapier belegten Kuchenrost stürzen und erkalten lassen. Anschließend mitgebackenes Backpapier abziehen und den Boden einmal waagerecht durchschneiden.

4 Für die Trüffelsahne Sahne zu der kalt gestellten Schokosahne geben und mit Handrührgerät mit Rührbesen auf höchster Stufe etwa 1/2 Minute schlagen. Sahnesteif und Aroma hinzufügen und Schokosahne steif schlagen. Unteren Boden auf eine Tortenplatte legen und mit zwei Dritteln der Trüffelsahne bestreichen. Oberen Boden auflegen und Tortenrand und -oberfläche mit der restlichen Trüffelsahne bestreichen. Den Tortenrand mit geschabter Kuvertüre bestreuen und die Torte etwa 2 Stunden kalt stellen.

5 Vor dem Servieren die Oberfläche mit Kakao bestäuben, Schablonen auflegen, mit Puderzucker bestäuben und die Schablone vorsichtig abheben. Die Torte mit Trüffelpralinen garnieren.

Schwedenpunsch-Torte

Mit Alkohol

Für den Knetteig:
150 g Weizenmehl
100 g Butter oder Margarine
50 g Zucker

Für den Biskuitteig:
4 Eier (Größe M)
1 Eigelb (Größe M)
60 g Zucker
80 g Weizenmehl
1 gestr. TL Dr. Oetker Backin

Für die Schwedenpunschcreme:
60 g gestiftelte Mandeln
25 g Zucker
5 Blatt weiße Gelatine
50 g Zucker, 3 EL Sherry
1 Pck. Dr. Oetker Finesse Orangenfrucht
1 Zimtstange
1/2 gestr. TL gemahlene Nelken
1 Msp. Kardamom
100 ml Portwein
50 ml Weinbrand
500 ml (1/2 l) Schlagsahne
50 g Rosinen

Zum Bestreichen:
150 g Aprikosenkonfitüre

Für den Guss:
1 Pck. Tortenguss, klar
30 g Zucker
200 ml Apfelsaft oder Wasser
50 ml Weinbrand oder Sherry

evtl. einige Rosinen

Zubereitungszeit:
60 Minuten, ohne Kühlzeit, und etwa 24 Minuten Backzeit

Insgesamt:
E: 91 g, F: 311 g, Kh: 599 g, kJ: 24757, kcal: 5911

1 Für den Knetteig Mehl in eine Rührschüssel sieben. Restliche Zutaten hinzufügen und mit Handrührgerät mit Knethaken zunächst kurz auf niedrigster, dann auf höchster Stufe gut durcharbeiten. Anschließend auf der leicht bemehlten Arbeitsfläche kurz zu einem Teig verkneten. Teig auf einem Springformboden (Ø 26 cm, gefettet) ausrollen, mehrmals mit einer Gabel einstechen und den Springformrand darumlegen. Die Form auf dem Rost in den Backofen schieben.

Ober-/Unterhitze: etwa 200 °C (vorgeheizt)
Heißluft: etwa 180 °C (vorgeheizt)
Gas: Stufe 3–4 (vorgeheizt)
Backzeit: etwa 12 Minuten.

2 Das Gebäck sofort vom Springformboden lösen, aber darauf auf einem Kuchenrost erkalten lassen.

3 Für den Biskuitteig Eier und Eigelb in eine Rührschüssel geben und mit Handrührgerät mit Rührbesen auf höchster Stufe in 1 Minute schaumig schlagen. Zucker in 1 Minute einstreuen und noch 2 Minuten weiterschlagen. Mehl mit Backin mischen, auf die Eiercreme sieben und auf niedrigster Stufe kurz unterrühren. Teig auf ein Backblech (30 x 40 cm, gefettet, mit Backpapier belegt) geben und glatt streichen. Das Backblech in den Backofen schieben und **bei gleicher Backofeneinstellung etwa 12 Minuten backen**. Die gebackene Biskuitplatte auf ein mit Zucker bestreutes Backpapier stürzen und erkalten lassen, anschließend mitgebackenes Backpapier abziehen.

4 Für die Schwedenpunschcreme Mandeln mit Zucker in einer Pfanne unter Rühren leicht anrösten und auf einem Teller erkalten lassen. Gelatine einweichen. Zucker in einem Topf karamellisieren lassen, dann Sherry dazugießen, Gewürze hinzufügen und aufkochen lassen. Gelatine ausdrücken, in der heißen Flüssigkeit unter Rühren auflösen und alles abkühlen lassen. Portwein und Weinbrand unterrühren, die Zimtstange entfernen und die Flüssigkeit kalt stellen. Sobald sie beginnt dicklich zu werden, Sahne steif schlagen und unterheben. Rosinen und die Hälfte der gerösteten Mandeln (evtl. etwas zerstoßen) unterheben.

5 Den Knetteigboden auf eine Tortenplatte legen und dünn mit etwas von der Konfitüre bestreichen. Biskuitplatte mit der restlichen Konfitüre bestreichen und von der kürzeren Seite aus fest aufrollen. Die Biskuitrolle in dünne Scheiben (knapp 1 cm) schneiden. Knetteigboden mit der Hälfte der Biskuitrollenscheiben belegen, einen Tortenring oder Springformrand darumstellen, Schwedenpunschcreme einfüllen, glatt streichen und die Oberfläche mit den restlichen Biskuitrollenscheiben belegen. Die Torte etwa 2 Stunden kalt stellen.

(Fortsetzung Seite 22)

6 Für den Guss Torte aus dem Tortenring oder Springformrand lösen. Tortenguss mit Zucker und Apfelsaft oder Wasser und Weinbrand oder Sherry zubereiten, kurz abkühlen lassen und mit Hilfe eines Pinsels dick auf den Biskuitrollenscheiben verteilen. Auf den äußeren Rand die zurückgelassenen Mandelstifte und nach Belieben Rosinen streuen.

Sachertorte

Für Gäste – Gut vorzubereiten

Für den Rührteig:
150 g Zartbitterschokolade
6 Eiweiß (Größe M)
160 g weiche Butter oder Margarine
160 g Zucker
1 Pck. Dr. Oetker Vanillin-Zucker
4 Eigelb (Größe M)
100 g Semmelbrösel

Für die Füllung:
125 g Aprikosenkonfitüre

Für den Guss:
60 g Zucker
7 EL Wasser
200 g Zartbitterschokolade

Zum Verzieren:
50 g Zartbitterschokolade

Zubereitungszeit:
45 Minuten, ohne Kühlzeit, und etwa 50 Minuten Backzeit

Insgesamt:
E: 76 g, F: 292 g, Kh: 561 g, kJ: 21688, kcal: 5179

1 Für den Teig Schokolade auflösen und abkühlen lassen. Eiweiß steif schlagen. Butter oder Margarine mit Handrührgerät mit Rührbesen auf höchster Stufe geschmeidig rühren. Nach und nach Zucker und Vanillin-Zucker unterrühren. So lange rühren, bis eine gebundene Masse entstanden ist. Eigelb nach und nach unterrühren. Geschmolzene Schokolade und Semmelbrösel auf mittlerer Stufe unterrühren. Eischnee vorsichtig unterheben. Den Teig in eine Springform (Ø 26 cm, Boden gefettet, mit Backpapier belegt) füllen, glatt streichen und die Form auf dem Rost in den Backofen schieben.

Ober-/Unterhitze: etwa 180 °C (vorgeheizt)
Heißluft: etwa 160 °C (nicht vorgeheizt)
Gas: Stufe 2–3 (nicht vorgeheizt)
Backzeit: etwa 50 Minuten.

2 Den Tortenboden aus der Form lösen, auf einen mit Backpapier belegten Kuchenrost stürzen und erkalten lassen. Anschließend mitgebackenes Backpapier vorsichtig abziehen und den erkalteten Boden einmal waagerecht durchschneiden. Für die Füllung den unteren Boden mit Aprikosenkonfitüre bestreichen und den oberen Boden auflegen.

3 Für den Guss Zucker mit Wasser in einem Topf so lange kochen lassen, bis sich der Zucker gelöst hat. Topf von der Kochstelle nehmen. Schokolade in Stücke brechen, nach und nach einrühren und so lange rühren, bis die Schokolade geschmolzen ist und der Guss glänzt. Den Guss mitten auf die Torte gießen und durch „Bewegen" der Torte auf der Oberfläche und am Rand gleichmäßig verlaufen lassen, evtl. den Guss am Rand mit einem Messer verstreichen. Um eine gleichmäßige Oberfläche zu erhalten, die Tortenplatte auf der Arbeitsfläche leicht „aufklopfen". Den Guss fest werden lassen.

4 Zum Verzieren Schokolade in Stücke brechen und auflösen. Die Torte mit einem warmen Messer in 12 Stücke einteilen. Den Schokoladenguss in ein Papierspritztütchen oder einen kleinen Gefrierbeutel füllen, eine kleine Ecke abschneiden und auf jedes Tortenstück „Sacher" schreiben. Die Torte bis zum Servieren kalt stellen.

Tipp: Da die Torte saftig ist, ist sie gut verpackt bis zu 5 Tagen haltbar.

Sacher
Sacher
Sacher
Sacher

Zuger Kirschtorte

Dauert länger – Mit Alkohol

Für den Biskuitteig:
1 Ei (Größe M)
3 Eigelb (Größe M)
3 EL heißes Wasser
100 g Zucker
1 Pck. Dr. Oetker Vanillin-Zucker
100 g Weizenmehl
25 g Speisestärke
1 gestr. TL Dr. Oetker Backin

Für die Baiserböden:
3 Eiweiß (Größe M)
150 g Zucker
1 Pck. Dr. Oetker Vanillin-Zucker
100 g abgezogene, gemahlene Mandeln

Für die Buttercreme:
1 Pck. Dr. Oetker Pudding-Pulver Vanille-Geschmack
100 g Zucker
500 ml (1/2 l) Milch
250 g weiche Butter

Zum Tränken:
6 EL Wasser
60 g Zucker
6 EL Kirschwasser

Außerdem:
50 g abgezogene, gehobelte Mandeln
25 g Puderzucker

Zubereitungszeit:
60 Minuten, ohne Kühlzeit, und etwa 3 1/2 Stunden Back- und Trockenzeit

Pro Stück:
E: 85 g, F: 334 g, Kh: 606 g, kJ: 24833, kcal: 5927

1 Für den Teig Ei mit Eigelb und Wasser in einer Rührschüssel mit Handrührgerät mit Rührbesen auf höchster Stufe in 1 Minute schaumig schlagen. Zucker mit Vanillin-Zucker mischen, in 1 Minute einstreuen und 2 Minuten weiterschlagen. Mehl mit Speisestärke und Backin mischen, sieben und kurz auf niedrigster Stufe unterrühren. Den Teig in eine Springform (Ø 28 cm, Boden gefettet, mit Backpapier belegt) geben, glatt streichen und die Form auf dem Rost in den Backofen schieben.

Ober-/Unterhitze: etwa 180 °C (vorgeheizt)
Heißluft: etwa 160 °C (vorgeheizt)
Gas: Stufe 3–4 (vorgeheizt)
Backzeit: 25–30 Minuten.

2 Boden aus der Form lösen, auf einen mit Backpapier belegten Kuchenrost stürzen und erkalten lassen. Dann mitgebackenes Backpapier abziehen.

3 Für die Baiserböden auf 2 Bögen Backpapier je 1 Kreis (Ø 26 cm) vorzeichnen. Eiweiß so steif schlagen, dass ein Messerschnitt sichtbar bleibt. Nach und nach Zucker und Vanillin-Zucker unterschlagen. Mandeln vorsichtig unterheben. Die Masse in einen Spritzbeutel mit kleiner Lochtülle füllen und 2 Böden aufspritzen. Dazu jeweils innen an dem aufgemalten Kreis einen Ring spritzen, dann die gesamte Fläche mit Baisermasse ausspritzen. Böden auf Backbleche ziehen, nacheinander (bei Heißluft zusammen) in den Backofen schieben und trocknen lassen.

Ober-/Unterhitze: etwa 100 °C (vorgeheizt)
Heißluft: etwa 100 °C (nicht vorgeheizt)
Trockenzeit: etwa 90 Minuten je Backblech.

4 Die Böden jeweils auf einen mit Backpapier belegten Kuchenrost stürzen, das mitgebackene Backpapier mit etwas Wasser bestreichen, abziehen und die Böden erkalten lassen.

5 Für die Buttercreme aus Pudding-Pulver, Zucker und Milch nach Packungsanleitung einen Pudding zubereiten. Pudding erkalten lassen (nicht kalt stellen), dabei gelegentlich durchrühren. Butter mit Handrührgerät mit Rührbesen geschmeidig rühren und den erkalteten Pudding esslöffelweise darunter rühren, dabei darauf achten, dass Butter und Pudding Zimmertemperatur haben, da die Buttercreme sonst gerinnt.

6 Zum Tränken des Biskuitbodens Wasser mit Zucker aufkochen und erkalten lassen, anschließend Kirschwasser hinzufügen. Für den Rand Mandeln in einer Pfanne ohne Fett leicht bräunen und auf einem Teller erkalten lassen. Einen der Baiserböden mit einem Viertel der Buttercreme

(Fortsetzung Seite 26)

bestreichen, den Biskuitboden darauf legen und mit der Tränke beträufeln. Den Boden mit knapp der Hälfte der restlichen Buttercreme bestreichen, den zweiten Baiserboden auflegen und leicht andrücken. Rand und Oberfläche der Torte mit der übrigen Buttercreme bestreichen.

7 Den Rand mit den Mandeln bestreuen und mit der Teigkarte leicht andrücken. Ein Messer in heißes Wasser tauchen, damit ein Gittermuster auf der Torte ziehen. Die Torte bis zum Servieren kalt stellen und kurz vorher mit Puderzucker bestäuben.

Lübecker Marzipantorte

Für Gäste

Für den Biskuitteig:
200 g Zartbitterschokolade
150 g Marzipan-Rohmasse
3 Eigelb, 4 Eier (Größe M)
120 g Zucker, 1 Pck. Dr. Oetker Bourbon-Vanille-Zucker
2 TL Instant-Kaffeepulver
1 Pck. Dr. Oetker Finesse Jamaica-Rum-Aroma oder 3 EL Rum
150 g Weizenmehl
1 gestr. TL Dr. Oetker Backin
50 g gehackte Mandeln
3 Eiweiß (Größe M)

Zum Aprikotieren:
3 geh. EL Aprikosenkonfitüre

Für den Guss:
150 g Halbbitter-Kuvertüre
1 EL Speiseöl

Zum Garnieren:
100 g Halbbitter-Kuvertüre
100 g Vollmilch-Kuvertüre
50 g Marzipan-Rohmasse
20 g gesiebter Puderzucker

Zubereitungszeit:
90 Minuten, ohne Abkühlzeit, und etwa 60 Minuten Backzeit

Insgesamt:
E: 135 g, F: 337 g, Kh: 673 g, kJ: 26177, kcal: 6270

1 Für den Teig Schokolade auflösen und etwas abkühlen lassen. Marzipan klein schneiden und mit dem Eigelb mit Handrührgerät mit Rührbesen cremig rühren. Nach und nach Eier auf höchster Stufe unterrühren. Zucker und Vanille-Zucker einrieseln lassen, dann die Masse in 3 Minuten dickcremig schlagen. Schokolade unterrühren. Instant-Kaffee im Rum-Aroma oder Rum auflösen und ebenfalls unterrühren.

2 Mehl mit Backin mischen, sieben und mit den Mandeln auf mittlerer Stufe kurz unterrühren. Eiweiß steif schlagen und unterheben. Den Teig in eine Springform (Ø 26 cm, Boden gefettet, mit Backpapier belegt) füllen, glatt streichen und die Form auf dem Rost in den Backofen schieben.

Ober-/Unterhitze: etwa 180 °C (vorgeheizt)
Heißluft: etwa 200 °C (nicht vorgeheizt)
Gas: Stufe 2–3 (nicht vorgeheizt)
Backzeit: etwa 60 Minuten.

3 Den Boden aus der Form lösen, auf einen Kuchenrost stürzen und mitgebackenes Backpapier abziehen. Zum Aprikotieren Konfitüre durch ein Sieb streichen und den heißen Boden vollständig damit bestreichen. Den Boden erkalten lassen.

4 Für den Guss Kuvertüre mit dem Öl auflösen und den Boden damit überziehen.

5 Zum Garnieren Halbbitter- und Vollmilch-Kuvertüre voneinander getrennt auflösen, dünn auf Backpapier oder eine Marmorplatte streichen und fest werden lassen (nicht kalt stellen). Mit einem Spachtel Locken abschaben und auf die Torte legen.

6 Marzipan mit dem Puderzucker verkneten, ausrollen, mit einer Ausstechform Blätter ausstechen oder mit einem spitzen Messer Blattformen ausschneiden. Mit dem Messerrücken Rippen eindrücken und die Blätter auf die Schokoladenlocken legen.

Cognac-Cremetorte

Mit Alkohol

Für den All-in-Teig:
150 g Weizenmehl
20 g Kakaopulver
3 gestr. TL Dr. Oetker Backin
150 g Zucker
1 Pck. Dr. Oetker Bourbon-Vanille-Zucker
4 Eier (Größe M)
50 g Zartbitter-Raspelschokolade

Für die helle Canache-Creme:
200 g weiße Kuvertüre
200 ml Schlagsahne
50 g weiche Butter
2 EL Cognac

Für die dunkle Canache-Creme:
200 g Halbbitter-Kuvertüre
400 ml Schlagsahne
100 g weiche Butter
3 EL Cognac

Zum Bestreichen:
200 g Wild-Preiselbeeren

Zum Verzieren:
50 g weiße Kuvertüre

Zubereitungzeit:
60 Minuten, ohne Kühlzeit, und etwa 30 Minuten Backzeit

Insgesamt:
E: 97 g, F: 518 g, Kh: 644 g, kJ: 32491, kcal: 7769

1 Für den Teig Mehl mit Kakao und Backin mischen und in eine Rührschüssel sieben. Restliche Zutaten hinzufügen und alles mit Handrührgerät mit Rührbesen auf höchster Stufe in 2 Minuten zu einem Teig verarbeiten.

2 Den Teig in eine Springform (Ø 26 cm, Boden gefettet, mit Backpapier belegt) füllen, glatt streichen und die Form auf dem Rost in den Backofen schieben.

Ober-/Unterhitze: etwa 180 °C (vorgeheizt)
Heißluft: etwa 160 °C (vorgeheizt)
Gas: Stufe 2–3 (vorgeheizt)
Backzeit: etwa 30 Minuten.

3 Das Gebäck aus der Form lösen, auf einen mit Backpapier belegten Kuchenrost stürzen und erkalten lassen. Anschließend Backpapier abziehen und den Boden einmal waagerecht durchschneiden.

4 Für die helle Canache-Creme Kuvertüre hacken. Sahne in einem Topf zum Kochen bringen und von der Kochstelle nehmen, Kuvertüre darin unter Rühren auflösen und Butter und Cognac unterrühren. Die Masse in eine Rührschüssel füllen und kalt stellen. Die dunkle Canache-Creme ebenso mit den angegebenen Zutaten zubereiten und kalt stellen.

5 Die erkalteten Canache-Cremes jeweils mit Handrührgerät mit Rührbesen cremig aufschlagen. Den unteren Boden auf eine Tortenplatte legen und mit den Preiselbeeren bestreichen, dabei rundherum etwa 1 cm Rand frei lassen.

6 Helle Canache-Creme vorsichtig aufstreichen. Die Hälfte der dunklen Canache-Creme vorsichtig darauf verstreichen, den oberen Boden auflegen und leicht andrücken. Die Torte rundherum mit der restlichen dunklen Canache-Creme bestreichen und kalt stellen.

7 Vor dem Servieren Kuvertüre auflösen, in eine Papierspritztüte füllen und die Oberfläche in Wellen damit verzieren.

Tipp: Die Torte kann 1–2 Tage vor dem Verzehr zubereitet werden.
Die Oberfläche kann nach Belieben statt mit Kuvertüre mit Puderzucker verziert werden. Dazu Schablonen aus Papier ausschneiden, auf die Tortenoberfläche legen und mit Puderzucker bestäuben. Papierschablonen vorsichtig abnehmen und die Torte servieren.
Die Böden können vor dem Füllen zusätzlich mit 1–2 Esslöffeln Cognac beträufelt werden.

Rieslingtorte

Raffiniert – Mit Alkohol

Für den Biskuitteig:
3 Eier (Größe M)
3 EL heißes Wasser
150 g Zucker
1 Pck. Dr. Oetker Vanillin-Zucker
125 g Weizenmehl
75 g Speisestärke
3 gestr. TL Dr. Oetker Backin

Für die Creme:
375 g weiche Butter
5 frische Eigelb (Größe M)
125 g gesiebter Puderzucker

Für die Füllung:
375 ml (3/8 l) Rieslingwein
50 g Zucker
etwa 24 Löffelbiskuits

Zum Bestreichen:
500 ml (1/2 l) Schlagsahne
2 Pck. Dr. Oetker Sahnesteif
20 g Zucker

Zum Bestreuen:
100 g abgezogene, gehobelte Mandeln

Zubereitungszeit:
60 Minuten, ohne Abkühlzeit, und etwa 25 Minuten Backzeit

Insgesamt:
E: 99 g, F: 586 g, Kh: 630 g, kJ: 35377, kcal: 8446

1 Für den Teig Eier und Wasser mit Handrührgerät mit Rührbesen auf höchster Stufe 1 Minute schaumig schlagen. Zucker und Vanillin-Zucker mischen, in 1 Minute einstreuen, dann noch 2 Minuten weiterschlagen.

2 Mehl, Speisestärke und Backin mischen, die Hälfte davon auf die Eiercreme sieben und kurz auf niedrigster Stufe unterrühren. Restliches Mehlgemisch auf die gleiche Weise unterarbeiten. Den Teig in eine Springform (Ø 26 cm, Boden gefettet, mit Backpapier belegt) füllen und glatt streichen. Die Form auf dem Rost in den Backofen schieben.

Ober-/Unterhitze: etwa 180 °C (vorgeheizt)
Heißluft: etwa 160 °C (vorgeheizt)
Gas: Stufe 2–3 (vorgeheizt)
Backzeit: etwa 25 Minuten.

3 Den Biskuitboden aus der Form lösen, auf einen Kuchenrost stürzen und erkalten lassen. Anschließend mitgebackenes Backpapier abziehen und den Boden einmal waagerecht durchschneiden. Den unteren Boden auf eine Tortenplatte legen.

4 Für die Creme Butter mit Handrührgerät mit Rührbesen auf höchster Stufe geschmeidig rühren. Nach und nach Eigelb und Puderzucker unterrühren. Den Biskuitboden mit einem Drittel der Creme bestreichen.

5 Für die Füllung Wein mit Zucker in einem flachen Topf erhitzen, bis der Zucker gelöst ist, und abkühlen lassen. Die Löffelbiskuits kurz darin wenden und auf der Creme verteilen (evtl. restliches Wein-Zucker-Gemisch darüber verteilen). Die Hälfte der restlichen Creme darauf streichen, den oberen Boden darauf legen und etwas andrücken. Tortenoberfläche und -rand dünn mit der restlichen Creme bestreichen.

6 Zum Bestreichen Sahne mit Sahnesteif und Zucker steif schlagen. Tortenoberfläche und -rand mit der Sahne bestreichen und nach Belieben die Tortenoberfläche mit einem Tortenkamm oder einer Gabel verzieren. Mandeln in einer Pfanne ohne Fett leicht bräunen und auf einem Teller erkalten lassen. Den Tortenrand und den äußeren Rand der Tortenoberfläche mit Mandeln bestreuen.

Tipp: Nur ganz frische Eier für die Creme verwenden, die nicht älter als 5 Tage sind (Legedatum beachten!). Fertige Torte im Kühlschrank aufbewahren und innerhalb von 24 Stunden verzehren.

Makronentorte

Dauert länger – Mit Alkohol

Für den Teig:
5 Eier (Größe M)
125 g Zucker
1 Pck. Dr. Oetker Finesse Geriebene Zitronenschale
1 Prise Salz
75 g Weizenmehl
75 g Speisestärke
50 g zerlassene, abgekühlte Butter

Für die Füllung:
400 g Marzipan-Rohmasse
100 g gesiebter Puderzucker
250 g Aprikosenkonfitüre
4 EL Rum

Für den Belag:
200 g Marzipan-Rohmasse
2 frische Eigelb (Größe M)
50 g gesiebter Puderzucker
1 EL Rum

Zum Aprikotieren:
200 g Aprikosenkonfitüre
3 EL Wasser

Zubereitungszeit:
60 Minuten, ohne Abkühl- und Wartezeit, und etwa 40 Minuten Backzeit

Insgesamt:
E: 125 g, F: 297 g, Kh: 919 g, kJ: 29277, kcal: 6994

1 Für den Teig Eier mit Zucker, Zitronenschale und Salz in eine Schüssel geben und im heißen Wasserbad mit Handrührgerät mit Rührbesen auf höchster Stufe so lange schlagen, bis eine cremige Masse entstanden ist (etwa 5 Minuten). Die Schüssel aus dem Wasserbad nehmen und die Masse weiterschlagen, bis sie kalt ist.

2 Mehl mit Speisestärke mischen, sieben und unter die Eimasse heben, Butter ebenfalls unterrühren. Den Teig in eine Springform (Ø 28 cm, Boden gefettet, mit Backpapier belegt) füllen und glatt streichen. Die Form auf dem Rost in den Backofen schieben.

Ober-/Unterhitze: etwa 180 °C (vorgeheizt)
Heißluft: etwa 160 °C (nicht vorgeheizt)
Gas: Stufe 2–3 (nicht vorgeheizt)
Backzeit: etwa 40 Minuten.

3 Das Gebäck aus der Form lösen, auf einen Kuchenrost stürzen und erkalten lassen. Anschließend mitgebackenes Backpapier abziehen und den Boden zweimal waagerecht durchschneiden.

4 Für die Füllung Marzipan sehr klein schneiden, evtl. mit einer Gabel zerdrücken und mit Puderzucker, Konfitüre und Rum mit Handrührgerät mit Rührbesen oder mit dem Pürierstab zu einer geschmeidigen Masse verrühren. Zwei Drittel der Marzipanmasse auf 2 der Böden verteilen und verstreichen, die Böden aufeinander setzen und den dritten Boden auflegen. Tortenoberfläche und -rand mit der restlichen Marzipanmasse bestreichen.

5 Für den Belag Marzipan sehr klein schneiden, evtl. mit einer Gabel zerdrücken, mit Eigelb, Puderzucker und Rum mit Handrührgerät mit Rührbesen oder mit dem Pürierstab zu einer spritzfähigen Masse verrühren und in einen Spritzbeutel mit Sterntülle füllen. Die Tortenoberfläche damit verzieren und die Torte bei Zimmertemperatur etwa 30 Minuten stehen lassen, damit die Marzipanmasse antrocknen kann.

6 Anschließend die Torte unter den vorgeheizten Grill des Backofens schieben und goldbraun überbacken. Die Torte abkühlen lassen. Zum Aprikotieren Konfitüre durch ein Sieb streichen und mit Wasser in einem kleinen Topf unter Rühren kurz aufkochen lassen. Die etwas abgekühlte Torte mit Hilfe eines Pinsels vorsichtig damit bestreichen.

Tipp: Für den Belag nur frisches Eigelb verwenden, das nicht älter als 5 Tage ist (Legedatum beachten). Die Torte innerhalb von 24 Stunden verzehren.

Fruchtkleckstorte

Beliebt – Dauert länger

Für den Biskuitteig:
4 Eier (Größe M)
3 EL heißes Wasser
150 g Zucker
1 Pck. Dr. Oetker Vanillin-Zucker
100 g Weizenmehl
50 g Speisestärke
3 gestr. TL Dr. Oetker Backin
100 g abgezogene, gemahlene Mandeln
100 g zerlassene, abgekühlte Butter

Für den Knetteig:
150 g Weizenmehl, 50 g Zucker
3 Tropfen Bittermandel-Aroma
100 g Butter oder Margarine

Für die Fruchtmassen:
6 Blatt weiße Gelatine
1 Dose Pfirsichhälften (Abtropfgewicht 340 g)
300 g Erdbeeren, evtl. Zucker

Für die Füllung:
6 Blatt weiße Gelatine
500 g Naturjoghurt
1 Pck. Dr. Oetker Finesse Geriebene Zitronenschale
75 g Zucker
1 Pck. Dr. Oetker Vanillin-Zucker
400 ml Schlagsahne

Zum Garnieren:
Zitronenmelisse

Zubereitungszeit:
100 Minuten, ohne Kühlzeit, und etwa 50 Minuten Backzeit

1 Für den Biskuitteig Eier und Wasser mit Handrührgerät mit Rührbesen auf höchster Stufe in 1 Minute schaumig schlagen. Zucker und Vanillin-Zucker mischen, in 1 Minute einstreuen, dann noch 2 Minuten weiterschlagen. Mehl mit Speisestärke und Backin mischen, auf die Eiercreme sieben und kurz auf niedrigster Stufe unterrühren. Zuletzt Mandeln und die flüssige Butter kurz unterrühren. Den Teig in eine Springform (Ø 26 cm, Boden gefettet, mit Backpapier belegt) füllen, glatt streichen und die Form auf dem Rost in den Backofen schieben.

Ober-/Unterhitze: etwa 180 °C (vorgeheizt)
Heißluft: etwa 160 °C (vorgeheizt)
Gas: Stufe 2–3 (vorgeheizt)
Backzeit: etwa 30 Minuten.

2 Den Boden aus der Form lösen und auf einem Kuchenrost erkalten lassen. Anschließend mitgebackenes Backpapier abziehen und den Boden einmal waagerecht durchschneiden.

3 Für den Knetteig Mehl in eine Rührschüssel sieben. Restliche Zutaten hinzufügen und mit Handrührgerät mit Knethaken zunächst kurz auf niedrigster, dann auf höchster Stufe zu einem Teig verarbeiten. Den Teig auf einem Springformboden (Ø 26 cm, Boden gefettet) ausrollen, mehrfach mit einer Gabel einstechen, den Springformrand darumstellen und den Boden **bei gleicher Backofeneinstellung etwa 20 Minuten backen**. Anschließend den Boden vom Springformboden lösen, aber darauf auf einem Kuchenrost erkalten lassen.

4 Für die Fruchtmassen Gelatine einweichen. Pfirsiche gut abtropfen lassen. Erdbeeren waschen, putzen und die Früchte getrennt voneinander pürieren. Gelatine auflösen und jeweils die Hälfte gut mit einem Fruchtpüree verrühren. Erdbeerpüree evtl. mit etwas Zucker abschmecken. Für die Füllung Gelatine einweichen. Joghurt mit Zitronenschale, Zucker und Vanillin-Zucker verrühren. Gelatine auflösen und zunächst mit etwas Joghurtmasse verrühren, dann unter die restliche Joghurtmasse rühren und kalt stellen. Sobald die Masse beginnt dicklich zu werden, Sahne steif schlagen und unterheben.

5 Knetteigboden auf eine Tortenplatte legen, mit etwas Pfirsichpüree bestreichen und einen Biskuitboden darauf legen. Tortenring oder den gesäuberten Springformrand darumstellen. Gut zwei Drittel der Joghurt-

(Fortsetzung Seite 36)

Insgesamt:
E: 128 g, F: 397 g, Kh: 634 g, kJ: 27823, kcal: 6642

masse auf den Boden streichen. Fruchtpürees nochmals durchrühren und jeweils gut die Hälfte davon getrennt in Gefrierbeutel füllen. Jeweils eine Ecke abschneiden und viele Püreenester in die Joghurtcreme spritzen. Den oberen Boden auflegen, andrücken und mit der restlichen Joghurtcreme bestreichen. Mit gut der Hälfte der restlichen Pürees die Oberfläche mit runden Püreeflächen verzieren, dazu mit einer runden Ausstechform Kreise markieren und diese mit Fruchtpüree ausfüllen. Die Torte etwa 2 Stunden kalt stellen.

6 Anschließend Tortenring oder Springformrand lösen und entfernen. Restliches Püree durchrühren und den Tortenrand damit besprenkeln. Torte mit Zitronenmelisse garnieren und bis zum Servieren kalt stellen.

Tipp: Für die Fruchtpürees eignen sich auch andere Fruchtsorten.

Windmühle

Zum Verschenken

Für den Rührteig:
1 Pck. (485 g) Backmischung Zitronenkuchen
125 g Butter oder Margarine
3 Eier (Größe M)
4 EL (50 ml) Milch

Für den Guss:
75 g dunkle Kuchenglasur
1 Pck. Zitronenguss (in der Backmischung enthalten)
2 EL heißes Wasser

Zum Garnieren:
Schokoladentäfelchen
Eiswaffeln
Geleebonbons
Holzstäbchen

Zum Verzieren:
50 g Puderzucker
1–2 TL Wasser

Zubereitungszeit:
40 Minuten und etwa 60 Minuten Backzeit

Insgesamt:
E: 55 g, F: 173 g, Kh: 568 g, kJ: 17060, kcal: 4049

1 Für den Teig die Backmischung mit Butter oder Margarine, Eiern und Milch nach Packungsanleitung zubereiten und in einen unglasierten Ton-Blumentopf (Ø 15 cm, gefettet, mit Backpapier ausgelegt) füllen. Den Blumentopf auf dem Rost in den Backofen stellen.

Ober-/Unterhitze: etwa 180 °C (vorgeheizt)
Heißluft: etwa 160 °C (nicht vorgeheizt)
Gas: Stufe 2–3 (nicht vorgeheizt)
Backzeit: etwa 60 Minuten.

2 Den Topf aus dem Backofen nehmen. Den Kuchen noch 10 Minuten im Blumentopf stehen lassen, dann herausnehmen, Backpapier entfernen und Kuchen auf einem Kuchenrost erkalten lassen.

3 Die obere runde Kuppe waagerecht abschneiden. Die Kuchenglasur nach Packungsanleitung auflösen. Die Kuppe mit Kuchenglasur bestreichen (etwas zum Verzieren zurücklassen) und die Glasur fest werden lassen. Den unteren Kuchenteil mit der breiten Seite nach unten auf eine Tortenplatte stellen, Zitronenguss aus der Backmischung nach Packungsanleitung mit gut 2 Esslöffeln heißem Wasser anrühren und Seiten und Oberfläche des Kuchens damit bestreichen. Die Kuppe darauf setzen.

4 Zum Garnieren aus Schokoladentäfelchen Türen und Fenster ausschneiden und die Mühle damit garnieren. Die Flügel aus Waffeln zurecht schneiden und mit Kuchenglasur zusammenkleben. Die Mühle nach Belieben mit Kuchenglasur verzieren und mit Schokoladentäfelchen und auf Holzstäbchen gesteckten Geleebonbons garnieren. Zum Verzieren Puderzucker und Wasser zu einem dicken Guss verrühren und Türen und Fenster mit Hilfe eines Papiertütchens damit verzieren.

Tipp: Die Windmühle mit Schokokeksen und Lutschbonbons garnieren.

Regenbogentorte

Fruchtig

Für den Schüttelteig:
200 g Weizenmehl
3 gestr. TL Dr. Oetker Backin
125 g Zucker
1 Pck. Dr. Oetker Vanillin-Zucker
3 Eier (Größe M)
100 g zerlassene, abgekühlte Butter
100 ml Milch

Für die Füllung:
6 Blatt weiße Gelatine
100 g rote vorbereitete Früchte, z. B. Himbeeren, Erdbeeren, Johannisbeeren
100 g gelbe vorbereitete Früchte, z. B. Aprikosen, Pfirsiche
100 g grüne vorbereitete Früchte, z. B. Kiwis, Trauben
500 ml (1/2 l) Schlagsahne
300 g Naturjoghurt
50 g Zucker

Für den Belag:
250 ml (1/4 l) Schlagsahne
1 Pck. Dr. Oetker Vanillin-Zucker
400 g rote, gelbe und grüne Früchte

Für den Guss:
1 Pck. Tortenguss, klar
2 EL Zucker
250 ml (1/4 l) Wasser

Zubereitungszeit:
60 Minuten, ohne Kühlzeit, und etwa 25 Minuten Backzeit

Insgesamt:
E: 90 g, F: 363 g, Kh: 534 g, kJ: 24319, kcal: 5803

1 Für den Teig Mehl mit Backin mischen und in eine verschließbare Schüssel (etwa 3 l) sieben. Restliche Zutaten hinzufügen und die Schüssel mit dem Deckel fest verschließen. Mehrmals kräftig schütteln, so dass alle Zutaten gut vermischt sind und mit einem Schneebesen oder Rührlöffel nochmals durchrühren, damit trockene Zutaten vom Rand mit untergerührt werden. Teig in eine Springform (Ø 26 cm, Boden gefettet, gemehlt) füllen. Die Form auf dem Rost in den Backofen schieben.

Ober-/Unterhitze: etwa 180 °C (vorgeheizt)
Heißluft: etwa 160 °C (vorgeheizt)
Gas: Stufe 2–3 (vorgeheizt)
Backzeit: etwa 25 Minuten.

2 Den Boden kurz in der Form stehen lassen, aus der Form lösen und auf einem Kuchenrost erkalten lassen. Anschließend mitgebackenes Backpapier entfernen und den Boden einmal waagerecht durchschneiden.

3 Für die Füllung Gelatine einweichen. Rote, gelbe und grüne Früchte getrennt voneinander pürieren. Joghurt mit Zucker verrühren. Gelatine auflösen und mit etwas von der Joghurtmasse verrühren, dann unter die restliche Joghurtmasse rühren. Wenn die Masse beginnt dicklich zu werden, Sahne steif schlagen und unterheben. Unter jedes Fruchtpüree gut 100 g der Sahne-Joghurt-Creme rühren.

4 Unteren Boden auf eine Tortenplatte legen. Restliche weiße Sahne-Joghurt-Creme in einen Spritzbeutel mit großer Lochtülle füllen und damit einen dicken, hohen Tuff in die Mitte und einen dicken, hohen Ring an den Rand des Bodens spritzen.

5 Frucht-Sahne-Massen voneinander getrennt in Gefrierbeutel füllen und je eine Ecke abschneiden. Die Fruchtmassen der Reihe nach als Ring auf den Boden spritzen (je Farbe ein Ring), oberen Boden auflegen und die Torte etwa 3 Stunden kalt stellen.

6 Für den Belag Sahne mit Vanillin-Zucker steif schlagen und die Torte rundherum damit bestreichen. Obst putzen, waschen, in Scheiben oder Spalten schneiden und als Regenbogen auf die Oberfläche legen.

7 Für den Guss Tortenguss nach Packungsanleitung mit Zucker und Wasser zubereiten. Das Obst mit einem Pinsel vorsichtig damit bestreichen.

Tipp: Sollten die Fruchtmassen zu wenig farbintensiv sein, mit etwas Speisefarbe nachhelfen.

Mein-lieber-Herr-Gesangsverein-Torte

Gut vorzubereiten

Für den Biskuitteig:
100 g Pinienkerne
200 g Zartbitterschokolade
200 g Vollmilchschokolade
200 g Butter
12 Eiweiß (Größe M)
2 Pck. Dr. Oetker Vanillin-Zucker
12 Eigelb (Größe M)
180 g Zucker
150 ml Orangensaft
150 g Rosinen
250 g Weizenmehl

Zum Bestreichen:
300 g Orangenmarmelade
5 EL Wasser

Außerdem:
400 g Marzipan-Rohmasse
100 g gesiebter Puderzucker
etwa 1 TL gesiebtes Kakaopulver

Zum Verzieren:
50 g Vollmilch-Kuvertüre
150 g Puderzucker
etwa 2 EL warmes Wasser

Zubereitungszeit:
70 Minuten, ohne Kühlzeit, und etwa 50 Minuten Backzeit

Insgesamt:
E: 227 g, F: 585 g, Kh: 1319 g, kJ: 47999, kcal: 11465

1 Für den Teig Pinienkerne in einer Pfanne ohne Fett leicht bräunen und auf einem Teller abkühlen lassen. Schokolade grob zerkleinern, mit Butter in einem kleinen Topf im Wasserbad bei schwacher Hitze zu einer geschmeidigen Masse verrühren und etwas abkühlen lassen.

2 Eiweiß mit Vanillin-Zucker in einer großen Rührschüssel mit Handrührgerät mit Rührbesen steif schlagen. In einer anderen Rührschüssel Eigelb mit Zucker und Orangensaft mit Handrührgerät mit Rührbesen schaumig rühren. Schokolade, Pinienkerne und Rosinen hinzugeben und vermengen.

3 Mehl sieben und in 2 Portionen abwechselnd mit dem Eischnee unter die Eigelbmasse heben. Den Teig gleich hoch in 3 Springformen (Ø 26, 22 und 18 cm, Böden gefettet, mit Backpapier belegt) füllen und glatt streichen. Die große Form (allein) und die beiden kleinen Formen (gemeinsam) nacheinander (bei Heißluft zusammen) auf dem Rost in den Backofen schieben.

Ober-/Unterhitze: etwa 180 °C (vorgeheizt)
Heißluft: etwa 160 °C (nicht vorgeheizt)
Gas: Stufe 2–3 (nicht vorgeheizt)
Backzeit: große Form 45–50 Minuten,
kleine Formen 30–40 Minuten.

4 Die Böden aus den Formen lösen, auf Kuchenroste stürzen und erkalten lassen. Anschließend Backpapier abziehen und die Böden evtl. gerade schneiden. Orangenmarmelade durch ein Sieb streichen, mit Wasser aufkochen lassen und Oberfläche und Rand der Böden damit bestreichen.

5 Marzipan mit Puderzucker und Kakao (zum Einfärben) verkneten und portionsweise zwischen Frischhaltefolie ausrollen. Daraus 3 Randstreifen schneiden, die 1 cm höher als die Böden sind, und aufrollen. Die Rollen an die Böden setzen, um die Böden herum abrollen und leicht andrücken. Das hochstehende Marzipan mit einer Schere in etwa 1 cm Abstand rundherum einschneiden. Die Böden aufeinander setzen.

6 Zum Verzieren Kuvertüre auflösen, in ein Papiertütchen füllen und eine kleine Spitze abschneiden. Noten und Notenschlüssel auf Backpapier spritzen und fest werden lassen.

7 Puderzucker mit Wasser zu einem dickflüssigen Guss verrühren, in ein Papiertütchen füllen, eine kleine Spitze abschneiden und feine Linien auf die Torte spritzen. Die Torte mit den Noten garnieren.

Tipp: Die Böden bleiben einige Tage frisch und lassen sich gut vorbereiten.

pe Verdi

Zoo-Torte

Beliebt

Für den Teig:
2 Eier (Größe M)
125 g Zucker
1 Pck. Dr. Oetker Vanillin-Zucker
60 ml Speiseöl
75 ml Orangenlimonade
125 g Weizenmehl
1 1/2 gestr. TL Dr. Oetker Backin

Für die Creme:
1 Pck. Paradiescreme Vanille-Geschmack (Dessertpulver ohne Kochen)
200 g Schmand oder Crème fraîche
200 ml Schlagsahne

Zum Verzieren und Garnieren:
300 g Schoko-Konfektröllchen
100 g Marzipan-Rohmasse
30 g gesiebter Puderzucker
grüne und gelbe Speisefarbe

Für die Tiere und Palmen (Knetteig):
125 g Weizenmehl
1/2 gestr. TL Dr. Oetker Backin
40 g Zucker
1 Eigelb (Größe M)
60 g weiche Butter

Für den Guss:
150 g Puderzucker
2–3 EL Wasser oder Zitronensaft
Speisefarben

Zubereitungszeit:
70 Minuten, ohne Kühl- und Trockenzeit, und 33–40 Minuten Backzeit

Insgesamt:
E: 85 g, F: 358 g, Kh: 808 g, kJ: 28385, kcal: 6778

1 Für den Teig Eier mit Zucker und Vanillin-Zucker in eine Rührschüssel geben und mit Handrührgerät mit Rührbesen auf höchster Stufe schaumig schlagen. Öl und Orangenlimonade unterrühren. Mehl mit Backin mischen, sieben und auf mittlerer Stufe unterrühren. Den Teig in eine Springform (Ø 26 cm, Boden gefettet, mit Backpapier belegt) füllen. Die Form auf dem Rost in den Backofen schieben.

Ober-/Unterhitze: etwa 180 °C (vorgeheizt)
Heißluft: etwa 160 °C (vorgeheizt)
Gas: etwa Stufe 3 (vorgeheizt)
Backzeit: 25–30 Minuten.

2 Den Boden aus der Form lösen, auf einen Kuchenrost stürzen und den Boden erkalten lassen. Anschließend mitgebackenes Backpapier abziehen und den Boden auf eine Tortenplatte legen.

3 Für die Creme Paradiescreme mit Schmand oder Crème fraîche und Sahne mit Handrührgerät mit Rührbesen etwa 2 Minuten gut verrühren und Kuchenrand und -oberfläche damit bestreichen. Die Hälfte der Konfektröllchen halbieren, von den restlichen etwa 2 cm abschneiden und die Röllchen abwechselnd als Zaun an den Kuchenrand setzen (Konfektreste z. B. für ein Dessert verwenden). Torte kalt stellen.

4 Marzipan mit Puderzucker verkneten, zwei Drittel davon mit Speisefarbe grün, den Rest gelb einfärben. Die Massen getrennt als „Rasen“ und „Sand“ durch ein Sieb oder eine Kartoffelpresse geben und auf einem Teller beiseite legen.

5 Für die Tiere und Palmen Mehl mit Backin mischen und in eine Rührschüssel sieben. Zucker, Eigelb und Butter hinzufügen. Die Zutaten mit Handrührgerät mit Knethaken zunächst kurz auf niedrigster, dann auf höchster Stufe durcharbeiten. Anschließend auf der leicht bemehlten Arbeitsfläche kurz zu einem Teig verkneten und etwa 30 Minuten kalt stellen.

6 Den Teig kurz durchkneten, zwischen Frischhaltefolie ausrollen, exotische Tiere und Palmen ausstechen und auf ein mit Backpapier belegtes Backblech legen. Das Backblech in den Backofen schieben.

Ober-/Unterhitze: etwa 200 °C (vorgeheizt)
Heißluft: etwa 180 °C (vorgeheizt)
Gas: Stufe 3–4 (vorgeheizt)
Backzeit: 8–10 Minuten.

7 Die Plätzchen mit dem Backpapier vom Backblech auf einen Kuchenrost ziehen und erkalten lassen.

(Fortsetzung Seite 44)

ZOO

8 Für den Guss Puderzucker mit Wasser oder Zitronensaft zu einer dickflüssigen Masse verrühren, in Schälchen verteilen und mit unterschiedlichen Speisefarben einfärben. Die Güsse getrennt in Papiertütchen füllen, je eine kleine Spitze abschneiden, die Plätzchen damit verzieren und fest werden lassen. „Rasen" und „Sand" auf der Torte verteilen und die Tiere und Palmen hineinstecken.

Tipp: Falls Sie keine Ausstecher für Tiere und Palmen haben, können diese auch mit selbst gemachten Papierschablonen ausgeschnitten werden.

Backgammon-Torte

Zum Verschenken

Für den Teig:
4 Eier (Größe M)
200 g Zucker
1 Pck. Dr. Oetker Vanillin-Zucker
125 ml (1/8 l) Speiseöl
150 ml Orangenlimonade
250 g Weizenmehl
3 gestr. TL Dr. Oetker Backin

Für den Belag:
5 Blatt weiße Gelatine
400 g Doppelrahm-Frischkäse
200 ml Orangenlimonade
50 g Zucker
etwa 75 g weiße Kuvertüre
50 Schoko-Gebäckstäbchen (etwa 2 Pck.)
einige Schokoladenwürfel
etwa 75 g Schokostreusel

Zum Bestreichen:
etwa 2 EL Aprikosenkonfitüre

einige Pfefferminztaler (15–20 Stück)
etwas Puderzucker

Zubereitungszeit:
45 Minuten und etwa 25 Minuten Backzeit

Insgesamt:
E: 131 g, F: 367 g, Kh: 783 g, kJ: 29038 , kcal: 6930

1 Für den Teig Eier, Zucker und Vanillin-Zucker in eine Schüssel geben und mit Handrührgerät mit Rührbesen auf höchster Stufe 1 Minute schaumig schlagen. Öl und Limonade unterrühren. Mehl mit Backin mischen, sieben und in 2 Portionen auf mittlerer Stufe unterrühren. Einen Backrahmen (24 x 37 cm) auf ein gefettetes, mit Backpapier belegtes Backblech stellen, Teig einfüllen, glatt streichen und das Backblech in den Backofen schieben.

Ober-/Unterhitze: etwa 180 °C (vorgeheizt)
Heißluft: etwa 160 °C (vorgeheizt)
Gas: Stufe 2–3 (vorgeheizt)
Backzeit: etwa 25 Minuten.

2 Den Kuchen vom Backrahmen lösen, auf einen Kuchenrost stürzen und erkalten lassen. Anschließend mitgebackenes Backpapier abziehen und den Kuchen auf eine Platte legen.

3 Für den Belag Gelatine einweichen. Frischkäse mit Orangenlimonade und Zucker verrühren. Gelatine auflösen, mit 1–2 Esslöffeln der Frischkäsemasse verrühren und dann unter die restliche Frischkäsemasse rühren. Die Frischkäsemasse auf die Oberfläche des Kuchens streichen. 50 g der Kuvertüre auflösen. 24 Schokostäbchen auf Backpapier legen und dicht mit der Kuvertüre besprenkeln sowie einige Schokowürfel als „Spielwürfel" mit Punkten verzieren. Die restliche Kuvertüre fein raspeln.

4 Von den 24 hell besprenkelten und weiteren 24 dunklen Schokostäbchen alle nicht schokolierten Teile abschneiden. Helle und dunkle Stäbchen im Wechsel so auf die Kuchenoberfläche legen, dass 24 spitze Dreiecke entstehen. Zwei ganze Stäbchen als Unterteilung des Spielbretts in die Mitte legen. In die dunklen Dreiecke einen Teil der Schokostreusel streuen, die hellen Dreiecke mit den weißen Kuvertüreraspeln ausstreuen.

5 Den Rand der Torte mit glatt gerührter Aprikosenkonfitüre bestreichen und mit den restlichen Schokostreuseln bestreuen. Torte mit den Schokowürfeln garnieren. Die Hälfte der Pfefferminztaler mit Puderzucker bestäuben und alle Taler als Spielsteine auf die Torte legen.

Zebra-Kuppeltorte

Dauert länger – Fruchtig

Für den Biskuitteig:
3 Eier (Größe M)
3 EL Orangensaft
150 g Zucker
1 Pck. Dr. Oetker Vanillin-Zucker
200 g Weizenmehl
3 gestr. TL Dr. Oetker Backin
50 g zerlassene, abgekühlte Butter
10 g Kakaopulver
1 EL Orangensaft

Für den Knetteig:
250 g Weizenmehl
75 g Zucker
1 Pck. Dr. Oetker Finesse Orangenfrucht
150 g Butter oder Margarine
1 TL Kakaopulver

Für die Füllung:
9 Blatt weiße Gelatine
1 Dose Mandarinen (Abtropfgewicht 175 g)
500 ml (1/2 l) Buttermilch mit Orangengeschmack
50 g Zucker
1 Pck. Dr. Oetker Vanillin-Zucker
400 ml Schlagsahne

Zum Verzieren:
200 ml Schlagsahne
1 Pck. Dr. Oetker Vanillin-Zucker

Zubereitungszeit:
100 Minuten, ohne Kühlzeit, und etwa 65 Minuten Backzeit

Insgesamt:
E: 108 g, F: 387 g, Kh: 778 g, kJ: 29503, kcal: 7046

1 Für den Teig Eier und Orangensaft in eine Rührschüssel geben und mit Handrührgerät mit Rührbesen auf höchster Stufe in 1 Minute schaumig schlagen. Zucker und Vanillin-Zucker mischen, in 1 Minute einstreuen und noch 2 Minuten weiterschlagen. Mehl mit Backin mischen, die Hälfte davon auf die Eiercreme sieben und auf niedrigster Stufe kurz unterrühren. Restliches Mehlgemisch auf die gleiche Weise unterarbeiten. Zuletzt Butter unterziehen. Vom Teig ein Viertel abnehmen und mit Kakao und Orangensaft verrühren. Hellen Teig in eine Springform (Ø 26 cm, Boden gefettet, mit Backpapier belegt) füllen und glatt streichen. Dunklen Teig in einen Gefrierbeutel füllen, eine große Ecke abschneiden und breite, flache Streifen vorsichtig in Wellen auf den hellen Teig spritzen. Die Form auf dem Rost in den Backofen schieben.

Ober-/Unterhitze: etwa 180 °C (vorgeheizt)
Heißluft: etwa 160 °C (vorgeheizt)
Gas: Stufe 2–3 (vorgeheizt)
Backzeit: etwa 30 Minuten.

2 Den Boden aus der Form lösen (nicht stürzen) und auf einem Kuchenrost erkalten lassen, anschließend mitgebackenes Backpapier entfernen und den Boden einmal waagerecht durchschneiden.

3 Für den Knetteig Mehl in eine Rührschüssel sieben. Restliche Zutaten außer Kakao hinzufügen und mit Handrührgerät mit Knethaken zunächst kurz auf niedrigster, dann auf höchster Stufe gut durcharbeiten. Anschließend auf der leicht bemehlten Arbeitsfläche kurz zu einem Teig verkneten. Gut die Hälfte des Teiges auf einem Springformboden (Ø 26 cm, Boden gefettet) ausrollen, mehrfach mit einer Gabel einstechen und **bei gleicher Backofeneinstellung etwa 20 Minuten backen**. Anschließend den Boden vom Springformboden lösen, aber darauf auf einem Kuchenrost erkalten lassen.

4 Knapp die Hälfte des restlichen Knetteiges mit Kakao verkneten und daraus dünne Rollen formen. Hellen Teig 1/2 cm dünn ausrollen, die dunklen Teigrollen mit Abstand darauf legen, mit der Teigrolle andrücken und leicht gewellte gestreifte Stangen aus dem Teig ausschneiden. Stangen auf ein mit Backpapier belegtes Backblech legen, das Backblech in den Backofen schieben und die Stangen **bei gleicher Backofeneinstellung etwa 15 Minuten backen**. Anschließend die Stangen mit dem Backpapier vom Backblech auf einen Kuchenrost ziehen und erkalten lassen.

5 Für die Füllung Gelatine einweichen. Mandarinen in einem Sieb abtropfen lassen. Buttermilch mit Zucker und Vanillin-Zucker verrühren. Gelatine ausdrücken, auflösen und zunächst mit etwas Buttermilch verrühren, dann mit der restlichen Buttermilch verrühren und kalt stellen. Sobald die Flüssigkeit beginnt dicklich zu werden, Sahne steif schlagen und mit

(Fortsetzung Seite 48)

den Mandarinen unterheben. Eine Schüssel (etwa 1,5 l Inhalt, oberer Ø etwa 26 cm) mit Frischhaltefolie auslegen und den oberen Boden hineinlegen. Dazu den Boden vierteln und evtl. etwas zurecht schneiden (anfallende Gebäckreste beiseite legen). Die Hälfte der Creme einfüllen, unteren Boden auflegen (evtl. zurechtschneiden), andrücken und die restliche Creme aufstreichen. Knetteigboden auflegen, andrücken und die Schüssel etwa 3 Stunden kalt stellen.

6 Zum Verzieren die Kuppel aus der Form auf eine Tortenplatte stürzen. Sahne mit Vanillin-Zucker steif schlagen, den Rand der Torte bis zur Zebrakuppel mit etwas Sahne dünn bestreichen. Beiseite gelegte Gebäckreste fein zerbröseln, an den Rand streuen und etwas andrücken. Restliche Sahne in einen Spritzbeutel mit großer Lochtülle füllen, die Spitze der Kuppel damit verzieren und die Gebäckstangen dekorativ anlegen.

Mensch-ärgere-dich-nicht-Torte

Zum Verschenken

Für den Rührteig:
175 g Butter oder Margarine
175 g Zucker
1 Pck. Dr. Oetker Vanillin-Zucker
4 Eier (Größe M)
225 g Weizenmehl
20 g Kakaopulver
1 gestr. TL Dr. Oetker Backin

Für die Füllung:
400 ml Schlagsahne, 20 g Zucker
1 Pck. Dr. Oetker Sahnesteif
500 g verlesene Himbeeren

Zum Garnieren:
300 g Marzipan-Rohmasse
150 g gesiebter Puderzucker
3 EL Himbeergelee
rote, gelbe, blaue und grüne Speisefarbe
knapp 1 TL Kakaopulver

Zubereitungszeit:
60 Minuten
und etwa 35 Minuten Backzeit

Insgesamt:
E: 110 g, F: 412 g, Kh: 727 g,
kJ: 29601, kcal: 7066

1 Für den Teig Butter oder Margarine mit Handrührgerät mit Rührbesen auf höchster Stufe geschmeidig rühren. Nach und nach Zucker und Vanillin-Zucker unterrühren. So lange rühren, bis eine gebundene Masse entstanden ist. Eier nach und nach unterrühren (jedes Ei etwa ½ Minute). Mehl mit Kakao und Backin mischen, sieben und in 2 Portionen auf mittlerer Stufe unterrühren. Einen Backrahmen (24 x 24 cm) auf ein mit Backpapier belegtes Backblech stellen. Den Teig hineinfüllen und glatt streichen. Das Backblech in den Backofen schieben.

Ober-/Unterhitze: etwa 180 °C (vorgeheizt)
Heißluft: etwa 160 °C (nicht vorgeheizt)
Gas: Stufe 2–3 (nicht vorgeheizt)
Backzeit: etwa 35 Minuten.

2 Das Backblech auf einen Kuchenrost stellen, Backrahmen lösen und entfernen und den Boden erkalten lassen. Anschließend mitgebackenes Backpapier entfernen, den Boden einmal waagerecht durchschneiden.

3 Für die Füllung Sahne mit Zucker und Sahnesteif steif schlagen, unteren Boden damit bestreichen, Himbeeren darauf verteilen und oberen Boden auflegen. Zum Garnieren Marzipan mit Puderzucker verkneten. 200 g davon zu einem Quadrat in Größe des Bodens ausrollen. Gelee erwärmen, oberen Boden damit bestreichen, mit dem Marzipanquadrat belegen.

4 Etwa 75 g des restlichen Marzipans gelb einfärben, dünn ausrollen und 36 Plättchen (Ø etwa 1½ cm) ausstechen und beiseite legen. Restliches Marzipan vierteln. 3 Teile jeweils rot, blau und grün einfärben, unter den vierten Teil Kakao kneten. Das eingefärbte Marzipan dünn ausrollen und je 1 Kreis (Ø etwa 1½ cm) und 8 Kreise (Ø etwa 1 cm) ausstechen. Aus dem restlichen Marzipan jeweils 4 Spielfiguren formen. Die Kreise auf der Torte zu einem Spielfeld auflegen und die Spielfiguren aufsetzen.

Dich

Lotto-Torte

Fruchtig

Für den All-in-Teig:
100 g Weizenmehl
2 gestr. TL Dr. Oetker Backin
100 g Zucker
1 Pck. Dr. Oetker Vanillin-Zucker
3 Eier (Größe M)
100 g Butter oder Margarine

Für den Belag:
2 Gläser Stachelbeeren (Abtropfgewicht je 390 g)
2 Pck. Tortenguss, klar
500 ml (1/2 l) Stachelbeersaft aus dem Glas
2 Blatt weiße Gelatine
600 ml Schlagsahne
2 Pck. Dr. Oetker Vanillin-Zucker

Für die Marzipandecke:
200 g Marzipan-Rohmasse
75 g gesiebter Puderzucker

Für den Guss:
2 Blatt weiße Gelatine
250 ml (1/4 l) Schlagsahne
200 g weiße Kuvertüre

Zum Verzieren und Garnieren:
50 g Halbbitter-Kuvertüre
rote Zuckerschrift
7–8 Kokos-Konfektkugeln

Zubereitungszeit:
60 Minuten, ohne Kühlzeit, und etwa 20 Minuten Backzeit

Insgesamt:
E: 116 g, F: 570 g, Kh: 742 g, kJ: 36201, kcal: 8642

1 Für den Teig Mehl und Backin mischen und in eine Rührschüssel sieben. Restliche Zutaten hinzufügen und mit Handrührgerät mit Rührbesen zuerst kurz auf niedrigster, dann auf höchster Stufe etwa 2 Minuten zu einem Teig verarbeiten. Einen Backrahmen (24 x 28 cm) auf ein mit Backpapier belegtes Backblech stellen, den Teig einfüllen und glatt streichen. Das Backblech in den Backofen schieben.

Ober-/Unterhitze: etwa 180 °C (vorgeheizt)
Heißluft: etwa 160 °C (vorgeheizt)
Gas: Stufe 2–3 (vorgeheizt)
Backzeit: etwa 20 Minuten.

2 Den Backrahmen lösen und entfernen, Boden auf einen mit Backpapier belegten Kuchenrost legen und erkalten lassen. Anschließend mitgebackenes Backpapier abziehen, Boden auf eine Kuchenplatte legen und den gesäuberten Backrahmen darumstellen.

3 Für den Belag Stachelbeeren in einem Sieb abtropfen lassen, Saft dabei auffangen. Tortenguss nach Packungsanleitung, aber ohne Zucker und mit 500 ml (1/2 l) Stachelbeersaft, zubereiten. Abgetropfte Stachelbeeren unter den Tortenguss heben, die Masse auf dem Boden verteilen, glatt streichen und kalt stellen.

4 Gelatine einweichen. Sahne mit Vanillin-Zucker steif schlagen. Gelatine auflösen, mit etwas von der Sahne verrühren, dann unter die restliche Sahne heben. Sahne auf die Stachelbeeren geben, glatt streichen und Torte wieder kalt stellen.

5 Für die Marzipandecke Marzipan mit Puderzucker verkneten, zu einer Platte (24 x 28 cm) ausrollen und die Marzipandecke auf die Torte legen.

6 Für den Guss Gelatine einweichen. Die Hälfte der Sahne in einem Topf erwärmen. Kuvertüre grob hacken und unter Rühren darin auflösen. Topf von der Kochstelle nehmen, Gelatine ausdrücken, in die warme Masse geben und unter Rühren auflösen. Die andere Hälfte der Sahne dazugießen und verrühren. Die fast erkaltete Masse auf die Marzipanplatte geben und glatt streichen. Die Torte 1–2 Stunden kalt stellen.

7 Backrahmen mit Hilfe eines Messers lösen und entfernen. Zum Verzieren Kuvertüre auflösen, in einen Gefrierbeutel oder ein Papiertütchen geben, eine kleine Ecke abschneiden und einen Lotto-Schein mit Zahlen auf die Torte spritzen. Mit Zuckerschrift Torte und Kokos-Konfektkugeln verzieren und diese auf die Torte legen.

Lotto 6 aus 49

Bunte Götterspeisetorte

Beliebt – Dauert länger

Für den All-in-Teig:
150 g Weizenmehl
3 gestr. TL Backin
150 g Zucker
1 Pck. Dr. Oetker Vanillin-Zucker
1 Pck. Dr. Oetker Finesse
Geriebene Zitronenschale
3 Eier (Größe M)
150 g Butter oder Margarine

Für die Füllung:
1 Beutel aus 1 Pck. Götterspeise
Zitronen-Geschmack
300 ml Wasser
125 g Zucker
1 Beutel aus 1 Pck. Götterspeise
Himbeer-Geschmack
300 ml Wasser
125 g Zucker
500 g Magerquark
500 ml (1/2 l) Schlagsahne

Für den Belag:
1 Beutel aus 1 Pck. Götterspeise
Waldmeister-Geschmack
300 ml Wasser
100 g Zucker

Zum Bestreichen:
200 ml Schlagsahne
1 Pck. Dr. Oetker Vanillin-Zucker

Zubereitungszeit:
100 Minuten, ohne Kühlzeit,
und etwa 30 Minuten Backzeit

Insgesamt:
E: 167 g, F: 368 g, Kh: 669 g,
kJ: 28085, kcal: 6702

1 Für den Teig Mehl mit Backin mischen und in eine Rührschüssel sieben. Restliche Zutaten hinzufügen und alles mit Handrührgerät mit Rührbesen auf höchster Stufe in etwa 2 Minuten zu einem Teig verarbeiten. Teig in eine Springform (Ø 26 cm, Boden gefettet, mit Backpapier belegt) füllen, glatt streichen und die Form auf dem Rost in den Backofen schieben.

Ober-/Unterhitze: etwa 180 °C (vorgeheizt)
Heißluft: etwa 160 °C (vorgeheizt)
Gas: Stufe 2–3 (vorgeheizt)
Backzeit: etwa 30 Minuten.

2 Das Gebäck aus der Form lösen, auf einen mit Backpapier belegten Kuchenrost stürzen und erkalten lassen. Anschließend Backpapier abziehen und den Boden einmal waagerecht durchschneiden.

3 Für die Füllung Zitronen-Götterspeise nach Packungsanleitung, aber nur mit 150 ml Wasser, anrühren und quellen lassen. 125 g Zucker hinzufügen, Götterspeise erwärmen (nicht kochen lassen), unter Rühren auflösen, von der Kochstelle nehmen und nochmals 150 ml kaltes Wasser unterrühren. Die Himbeer-Götterspeise ebenso zubereiten. Den Quark in 2 Rührschüsseln verteilen. Von jeder Götterspeise-Flüssigkeit 150 ml abmessen, je mit einer Quarkmenge verrühren und die Massen kalt stellen. Sobald die Massen beginnen dicklich zu werden, Sahne steif schlagen und jeweils die Hälfte unter eine Quark-Götterspeise-Masse heben. Von der Zitronen-Quark-Creme 3 Esslöffel abnehmen und beiseite stellen.

4 Den unteren Tortenboden auf eine Tortenplatte legen und einen Tortenring oder den gesäuberten Springformrand darumstellen. Die Cremes getrennt voneinander in einen Gefrierbeutel geben, eine Ecke abschneiden und von außen nach innen abwechselnd dicke Ringe auf den Tortenboden spritzen. Den oberen Boden auflegen, leicht andrücken und mit der beiseite gestellten Zitronen-Quark-Creme bestreichen. Die Torte etwa 1 Stunde kalt stellen.

5 Einige Ausstechformen auf die Tortenoberfläche stellen und leicht in die Creme drücken. Die Formen mit der restlichen gelben und roten Götterspeiseflüssigkeit ausfüllen, dabei darauf achten, dass die Götterspeise gleich hoch in die Förmchen gefüllt wird. Die Torte mindestens 1 Stunde kalt stellen und die Götterspeise fest werden lassen.

6 Für den Belag in der Zwischenzeit die grüne Götterspeise wie unter Punkt 3 beschrieben mit 300 ml Wasser und 100 g Zucker zubereiten und die Flüssigkeit bei Zimmertemperatur erkalten, aber nicht fest werden lassen. Die Ausstechformen vorsichtig mit einem Messer lösen, von der Torte entfernen und die Zwischenräume vorsichtig mit der erkalteten

(Fortsetzung Seite 54)

grünen Götterspeiseflüssigkeit ausfüllen. Die Torte nochmals mindestens 1 Stunde kalt stellen und die Götterspeise fest werden lassen.

7 Vor dem Servieren Tortenring oder Springformrand lösen und entfernen. Sahne mit Vanillin-Zucker steif schlagen, Tortenrand damit bestreichen.

Schmetterlingstorte

Fruchtig

Für den Rührteig:
100 g Kokosraspel
4 Eiweiß (Größe M)
125 g Butter, 125 g Zucker
1 Pck. Dr. Oetker Vanillin-Zucker
1 Prise Salz, 4 Eigelb (Größe M)
100 g Weizenmehl
1 gestr. TL Dr. Oetker Backin

Zum Bestreichen:
3 EL Himbeer- oder Kirschkonfitüre

Für die Füllung und zum Bestreichen:
500 ml (1/2 l) Schlagsahne
1 Pck. Dr. Oetker Vanillin-Zucker
1 Pck. Dr. Oetker Sahnesteif

Für den Belag:
1 reife Mango, einige Himbeeren
einige Heidelbeeren
250 g Erdbeeren

Für den Guss:
1 Pck. Tortenguss, klar
250 ml (1/4 l) Apfelsaft

2 Schoko-Gebäckstäbchen
2 Limettenschalenstreifen

Zubereitungszeit:
30 Minuten, ohne Kühlzeit, und etwa 40 Minuten Backzeit

Insgesamt:
E: 63 g, F: 356 g, Kh: 398 g, kJ: 21242, kcal: 5072

1 Für den Teig Kokosraspel in einer Pfanne ohne Fett leicht bräunen und auf einem Teller erkalten lassen. Eiweiß steif schlagen. In einer anderen Schüssel Butter mit Handrührgerät mit Rührbesen auf höchster Stufe geschmeidig rühren. Nach und nach Zucker, Vanillin-Zucker und Salz unterrühren. So lange rühren, bis eine gebundene Masse entstanden ist. Eigelb nach und nach unterrühren. Mehl mit Backin mischen, sieben und in 2 Portionen abwechselnd mit der Hälfte der Kokosraspel auf mittlerer Stufe unterrühren. Zuletzt Eiweiß unterheben. Den Teig in eine Springform (Ø 26 cm, Boden gefettet, mit Backpapier belegt) füllen und glatt streichen. Die Form auf dem Rost in den Backofen schieben.

Ober-/Unterhitze: etwa 180 °C (vorgeheizt)
Heißluft: etwa 160 °C (nicht vorgeheizt)
Gas: Stufe 2–3 (nicht vorgeheizt)
Backzeit: etwa 40 Minuten.

2 Den Boden aus der Form lösen und auf einem Kuchenrost erkalten lassen. Anschließend mitgebackenes Backpapier abziehen, den Boden einmal waagerecht durchschneiden und den unteren Boden mit Konfitüre bestreichen.

3 Für die Füllung und zum Bestreichen Sahne mit Vanillin-Zucker und Sahnesteif steif schlagen und ein Drittel davon auf der Konfitüre verstreichen. Den oberen Boden darauf legen und leicht andrücken. 2–3 Esslöffel von der Sahne beiseite stellen, mit der restlichen Sahne Tortenrand und -oberfläche bestreichen. Die Torte senkrecht halbieren und die Schnittflächen mit der zurückgelassenen Sahne bestreichen. Die Tortenränder beider Hälften mit den restlichen Kokosraspeln bestreuen und mit den runden Seiten aneinander wie Schmetterlingsflügel auf eine Tortenplatte legen.

4 Für den Belag die Früchte putzen, evtl. waschen, klein schneiden und die Tortenhälften damit belegen. Für den Guss Tortenguss mit Apfelsaft nach Packungsanleitung, aber ohne Zucker zubereiten und die Früchte damit bestreichen. Gebäckstäbchen und Limettenschale als Fühler in die Tortenhälften stecken. Den Schmetterling etwa 1 Stunde kalt stellen.

Seerosenteich

Zum Verschenken

Für den All-in-Teig:
150 g Weizenmehl
3 gestr. TL Dr. Oetker Backin
150 g Zucker
3 Eier (Größe M)
150 g Butter oder Margarine

Für den Belag:
2 Beutel aus 1 Pck. Götterspeise Waldmeister-Geschmack
400 ml kaltes Wasser
2 Blatt weiße Gelatine
250 g Doppelrahm-Frischkäse
500 g Dickmilch oder Naturjoghurt
1–2 EL Zitronensaft
125 g Zucker
500 ml (1/2 l) Schlagsahne

Zum Garnieren:
200 g Marzipan-Rohmasse
30 g gesiebter Puderzucker
grüne Speisefarbe
1 EL Aprikosenkonfitüre
einige dicke Zuckerperlen
Fruchtgummifrösche
Fruchtgummifische

Zubereitungszeit:
60 Minuten, ohne Kühlzeit, und etwa 25 Minuten Backzeit

Insgesamt:
E: 155 g, F: 470 g, Kh: 594 g, kJ: 30397, kcal: 7258

1 Für den Teig Mehl mit Backin mischen und in eine Rührschüssel sieben. Restliche Zutaten hinzufügen und mit Handrührgerät mit Rührbesen auf höchster Stufe in 2 Minuten zu einem glatten Teig verarbeiten. Einen Backrahmen (27 x 34 cm) auf ein mit Backpapier belegtes Backblech stellen. Den Teig hineingeben und glatt streichen. Das Backblech in den Backofen schieben.

Ober-/Unterhitze: etwa 180 °C (vorgeheizt)
Heißluft: etwa 160 °C (vorgeheizt)
Gas: Stufe 2–3 (vorgeheizt)
Backzeit: etwa 25 Minuten.

2 Den Boden mit dem Backrahmen auf einem mit Backpapier belegten Kuchenrost erkalten lassen. Evtl. die sich lösende braune Backhaut abnehmen. Anschließend Boden mit Backrahmen auf eine Platte legen.

3 Für den Belag Götterspeise nach Packungsanleitung, aber nur mit insgesamt 400 ml Wasser, quellen lassen. Gelatine einweichen. Frischkäse mit Dickmilch oder Joghurt und Zitronensaft verrühren. Götterspeise nach Packungsanleitung, aber mit insgesamt 125 g Zucker, auflösen und erwärmen, dann 200 ml davon abnehmen und beiseite stellen (nicht kalt stellen). Gelatine ausdrücken und unter die restliche Götterspeise rühren, diese dann unter die Frischkäsemasse rühren und Masse mindestens 30 Minuten kalt stellen.

4 Sobald die Masse beginnt dicklich zu werden, Sahne steif schlagen, unterheben und die Creme in den Backrahmen füllen. Mit einem Löffel eine Vertiefung für den „Teich" hineinformen, zur Mitte hin etwas stärker vertiefen und die Torte etwa 1 Stunde kalt stellen. Dann die beiseite gestellte, bereits leicht dickliche Götterspeise in die Vertiefung für den „Teich" füllen und die Torte nochmals etwa 2 Stunden kalt stellen.

5 Zum Garnieren Marzipan mit Puderzucker und grüner Speisefarbe verkneten und zu zwei 60 cm langen und 5–6 cm breiten Streifen ausrollen. Streifen zackig zu „Gras" einschneiden und locker aufrollen. Reste verkneten, beiseite legen und den Backrahmen entfernen. Gebäckrand mit Konfitüre bestreichen und die „Grasstreifen" um die Torte legen. Die Marzipanreste wieder ausrollen und kleine Blüten (Ø knapp 2 cm) ausstechen. Seerosen daraus formen und in die Blütenkelche Zuckerperlen stecken.

6 Den „Seerosenteich" kurz vor dem Servieren mit „Seerosen", Fruchtgummifröschen und -fischen garnieren.

Rosentorte mit Vanillecreme

Zum Verschenken

Für den Rührteig:
6 Eiweiß (Größe M)
175 g Butter oder Margarine
175 g Zucker
1 Pck. Dr. Oetker Vanillin-Zucker
6 Eigelb (Größe M)
75 g Weizenmehl
4 gestr. TL Dr. Oetker Backin
200 g abgezogene, gemahlene Mandeln

Für die Vanillecreme:
4 Blatt weiße Gelatine
1 Pck. Dr. Oetker Pudding-Pulver Vanille-Geschmack, 70 g Zucker
375 ml (3/8 l) Milch
400 ml Schlagsahne
1 Pck. Dr. Oetker Bourbon-Vanille-Zucker

Zum Tränken:
25 g Zucker, 2 EL Wasser
2 EL Rosenwasser (aus der Apotheke)

Zum Garnieren:
250 g Marzipan-Rohmasse
1 EL Rosenwasser
60 g Puderzucker
einige ungespritzte Rosenblüten
Wasser, feinkörniger Zucker

Zubereitungszeit:
70 Minuten, ohne Kühlzeit, und etwa 40 Minuten Backzeit

Insgesamt:
E: 148 g, F: 520 g, Kh: 582 g, kJ: 31721, kcal: 7572

1 Für den Teig Eiweiß steif schlagen. Butter oder Margarine mit Handrührgerät mit Rührbesen auf höchster Stufe geschmeidig rühren. Nach und nach Zucker und Vanillin-Zucker unterrühren. So lange rühren, bis eine gebundene Masse entstanden ist. Eigelb nach und nach unterrühren. Mehl mit Backin mischen, sieben, in 2 Portionen mit den Mandeln auf mittlerer Stufe unterrühren. Eischnee unterheben. Einen Backrahmen (26 x 26 cm) auf ein mit Backpapier belegtes Backblech stellen, Teig einfüllen, glatt streichen und das Backblech in den Backofen schieben.

Ober-/Unterhitze: etwa 180 °C (vorgeheizt)
Heißluft: etwa 160 °C (nicht vorgeheizt)
Gas: etwa Stufe 3 (nicht vorgeheizt)
Backzeit: etwa 40 Minuten.

2 Den Boden mit dem Backblech auf einen Kuchenrost stellen und erkalten lassen. Anschließend Backrahmen lösen, mitgebackenes Backpapier entfernen und den Boden zweimal waagerecht durchschneiden.

3 Für die Vanillecreme Gelatine einweichen. Aus Pudding-Pulver, Zucker und Milch nach Packungsanleitung einen Pudding zubereiten. Gelatine ausdrücken, im heißen Pudding unter Rühren auflösen, Frischhaltefolie direkt auf die Oberfläche legen und den Pudding erkalten lassen. Sahne steif schlagen, Vanille-Zucker unterschlagen, erkalteten Pudding durchrühren und die Sahne unterheben. Zum Tränken Zucker mit Wasser aufkochen lassen, bis der Zucker gelöst ist und Rosenwasser unterrühren.

4 Den unteren Boden auf eine Tortenplatte legen und den gesäuberten Backrahmen darumstellen. Knapp ein Drittel der Vanillecreme abnehmen und beiseite stellen. Die Hälfte der restlichen Creme auf den unteren Boden streichen und den zweiten Boden auflegen. Mit Hilfe eines Pinsels den Boden mit der Hälfte der Tränke bestreichen, restliche Creme aufstreichen und den oberen Boden auflegen. Boden leicht andrücken, mit der restlichen Tränke bestreichen und die Oberfläche mit der beiseite gestellten Creme bestreichen. Die Torte etwa 1 Stunde kalt stellen.

5 Zum Garnieren Marzipan mit Rosenwasser und Puderzucker verkneten und zu einem Quadrat (30 x 30 cm) ausrollen. Die Torte aus dem Backrahmen lösen und die Marzipanplatte so auf die Torte legen, dass die Spitzen an den Tortenrändern „herunterfallen". Kurz vor dem Servieren die Rosenblüten fein mit Wasser besprühen (z. B. mit einer Blumensprühflasche), mit etwas Zucker bestreuen und auf die Torte legen.

Schokoladen-Kirschwasser-Torte

Raffiniert – Mit Alkohol

Für den Knetteig:
150 g Weizenmehl
40 g Zucker
1 TL Kakaopulver
100 g Butter oder Margarine

Für den Biskuitteig:
1 Ei (Größe M)
2 EL heißes Wasser
50 g Zucker
1 Pck. Dr. Oetker Vanillin-Zucker
75 g Weizenmehl
1 Msp. Dr. Oetker Backin

Für die Schokoladencreme:
3 Blatt weiße Gelatine
2 EL Zucker
2–3 gestr. EL Kakaopulver
5 EL Wasser
375 ml (3/8 l) Schlagsahne

Für die Kirschwassercreme:
3 Blatt weiße Gelatine
4 EL Kirschwasser
375 ml (3/8 l) Schlagsahne
1 Pck. Dr. Oetker Vanillin-Zucker
2 EL Zucker

Zum Bestreichen und Verzieren:
3–4 EL Kirschkonfitüre
250 ml (1/4 l) Schlagsahne
1 Pck. Dr. Oetker Sahnesteif

Zum Bestäuben und Bestreuen:
Kakaopulver
4 EL Raspelschokolade

Zubereitungszeit:
90 Minuten, ohne Kühlzeit, und etwa 30 Minuten Backzeit

Insgesamt:
E: 74 g, F: 428 g, Kh: 471 g, kJ: 25753, kcal: 6149

1 Für den Knetteig Mehl in eine Rührschüssel sieben. Zucker, Kakao und Butter oder Margarine hinzufügen. Die Zutaten mit Handrührgerät mit Knethaken zunächst auf niedrigster, dann auf höchster Stufe gut durcharbeiten. Anschließend auf der leicht bemehlten Arbeitsfläche kurz zu einem Teig verkneten. Den Teig auf dem Boden einer Springform (Ø 26 cm, Boden gefettet) ausrollen und den Springformrand darumstellen. Die Form auf dem Rost in den Backofen schieben.

Ober-/Unterhitze: etwa 200 °C (vorgeheizt)
Heißluft: etwa 180 °C (vorgeheizt)
Gas: Stufe 3–4 (vorgeheizt)
Backzeit: etwa 15 Minuten.

2 Boden sofort vom Springformboden lösen, aber darauf auf einem Kuchenrost erkalten lassen, anschließend auf eine Tortenplatte legen.

3 Für den Biskuitteig Ei und Wasser mit Handrührgerät mit Rührbesen auf höchster Stufe in 1 Minute schaumig schlagen. Zucker und Vanillin-Zucker mischen, in 1 Minute einstreuen, dann noch etwa 2 Minuten schlagen. Mehl und Backin mischen, auf die Eiercreme sieben und kurz auf niedrigster Stufe unterrühren. Den Teig in eine Springform (Ø 26 cm, Boden gefettet, mit Backpapier belegt) füllen. Die Form auf dem Rost in den Backofen schieben und den Boden **bei gleicher Backofeneinstellung etwa 15 Minuten backen**. Anschließend den Boden aus der Form lösen, auf einen mit Backpapier belegten Kuchenrost stürzen, erkalten lassen und dann mitgebackenes Backpapier abziehen.

4 Für die Schokoladencreme Gelatine einweichen. Zucker und Kakao mit dem Wasser in einem kleinen Topf anrühren und unter Rühren zum Kochen bringen, bis sich der Zucker gelöst hat. Gelatine darin auflösen und die Flüssigkeit abkühlen lassen. Sahne steif schlagen und den abgekühlten Kakao-Gelatine-Sirup unterrühren. Für die Kirschwassercreme Gelatine einweichen. Anschließend Gelatine auflösen und Kirschwasser unterrühren. Sahne steif schlagen. Vanillin-Zucker, Zucker und die Gelatineflüssigkeit unterrühren.

5 Den Knetteigboden mit Konfitüre bestreichen und den Biskuitboden darauf legen. Die Schokoladencreme kuppelförmig darauf streichen. Einen Tortenring oder den gesäuberten Springformrand darumstellen (evtl. kurz kalt stellen). Die Kirschwassercreme vorsichtig darauf geben und die Tortenoberfläche glatt streichen. Die Torte 2–3 Stunden kalt stellen.

6 Zum Bestreichen und Verzieren Sahne mit Sahnesteif steif schlagen. Tortenring oder Springformrand entfernen und den Tortenrand mit der Hälfte der Sahne bestreichen. Restliche Sahne in einen Spritzbeutel mit großer Sterntülle füllen, die Oberfläche mit Sahne-Rosetten verzieren, mit Kakao bestäuben. Den Tortenrand mit Raspelschokolade bestreuen.

Anlass-Torte

Zum Verschenken – Dauert länger

Für den Biskuitteig:
4 Eier (Größe M)
4 EL heißes Wasser
175 g Zucker
1 Pck. Dr. Oetker Vanillin-Zucker
175 g Weizenmehl
3 gestr. TL Dr. Oetker Backin
100 g abgezogene, gemahlene Mandeln
100 g zerlassene, abgekühlte Butter

Für die Vanillecreme:
1 Pck. Dr. Oetker Pudding-Pulver Vanille-Geschmack
500 ml (1/2 l) Milch, 70 g Zucker
200 g weiche Butter

Für die Schokoladencreme:
1 Pck. Dr. Oetker Pudding-Pulver Schokoladen-Geschmack
375 ml (3/8 l) Milch, 50 g Zucker
150 g weiche Butter

Zum Tränken:
75 ml Wasser, 50 g Zucker
50 ml Cointreau (Orangenlikör)

Zum Bestreichen:
1 Glas (400 g) Wild-Preiselbeeren

Zum Garnieren und Verzieren:
1 Blatt weiße Gelatine
3 EL Wasser
etwa 300 g gesiebter Puderzucker
grüne Speisefarbe
braune Zuckerschrift

Zubereitungszeit:
120 Minuten, ohne Kühl- und Trockenzeit, und etwa 35 Minuten Backzeit

Insgesamt:
E: 104 g, F: 490 g, Kh: 1094 g, kJ: 38929, kcal: 9291

1 Für den Teig Eier und Wasser mit Handrührgerät mit Rührbesen auf höchster Stufe in 1 Minute schaumig schlagen. Zucker und Vanillin-Zucker mischen, in 1 Minute einstreuen, dann noch etwa 2 Minuten weiterschlagen. Mehl mit Backin mischen, die Hälfte davon auf die Eiercreme sieben und kurz auf niedrigster Stufe unterrühren. Den Rest des Mehlgemisches auf die gleiche Weise unterarbeiten. Zuletzt Mandeln und die flüssige Butter kurz unterrühren. Den Teig in eine Springform (Ø 26 cm, Boden gefettet, mit Backpapier belegt) füllen, glatt streichen und die Form auf dem Rost in den Backofen schieben.

Ober-/Unterhitze: etwa 180 °C (vorgeheizt)
Heißluft: etwa 160 °C (nicht vorgeheizt)
Gas: Stufe 3–4 (nicht vorgeheizt)
Backzeit: etwa 35 Minuten.

2 Den Boden aus der Form lösen, auf einen mit Backpapier belegten Kuchenrost stürzen und erkalten lassen. Anschließend mitgebackenes Backpapier abziehen und den Boden zweimal waagerecht durchschneiden.

3 Für die Vanillecreme aus Pudding-Pulver, Zucker und Milch einen Pudding zubereiten, ihn direkt mit Frischhaltefolie bedecken und erkalten lassen (nicht kalt stellen). Butter mit Handrührgerät mit Rührbesen geschmeidig rühren und Pudding esslöffelweise unterschlagen, dabei darauf achten, dass Pudding und Butter Zimmertemperatur haben, da die Creme sonst gerinnt. Schokoladencreme ebenso zubereiten.

4 Zum Tränken Wasser und Zucker so lange kochen lassen, bis der Zucker gelöst ist. Zuckersud von der Kochstelle nehmen und Cointreau unterrühren. Den unteren Boden auf eine Tortenplatte legen, mit der Hälfte der Preiselbeeren bestreichen, mit gut der Hälfte der Vanillecreme bestreichen, mittleren Boden auflegen und mit der Hälfte der Tränke bestreichen. Restliche Preiselbeeren aufstreichen, Schokoladencreme aufstreichen, den oberen Boden auflegen, leicht andrücken und mit der restlichen Tränke bestreichen. Die Torte rundherum mit der restlichen Vanillecreme bestreichen und die Torte etwa 3 Stunden kalt stellen.

5 Zum Garnieren Gelatine einweichen und auflösen. Wasser nach und nach unterrühren, dann so viel Puderzucker unterrühren, dass eine zähe Masse entsteht. Auf der Arbeitsfläche so viel Puderzucker unterkneten, dass die Masse geschmeidig wird. Knapp die Hälfte der Masse mit einigen Tropfen Speisefarbe leicht grün färben. Die weiße Masse in Frischhaltefolie einwickeln. Die grüne Masse zwischen Frischhaltefolie ausrollen, daraus längliche Blätter schneiden, etwas in Form bringen (z. B. über einem Kochlöffelstiel) und trocknen lassen (etwa 30 Minuten). Aus der restlichen Masse dünne Stiele formen und ebenfalls trocknen lassen. Knapp die Hälfte der weißen Masse ausrollen, daraus eine Fahne für den

(Fortsetzung Seite 64)

Dem Brautpaar
Für Nin
Zum Geburtstag

Schriftzug schneiden. Restliche Masse mit angefeuchteten Händen zu kleinen Kügelchen formen, leicht mit Wasser befeuchten, so an die grünen Stiele drücken, dass Maiglöckchen entstehen und trocknen lassen.

6 Vor dem Servieren mit Zuckerschrift den Anlass („Zum Geburtstag", „Dem Brautpaar", ...) auf die Fahne schreiben und auf die Torte legen. Aus Blättern und Stielen Maiglöckchen auf der Torte zusammenlegen.

Weihnachtsstern

Gut vorzubereiten

Für die Füllung:
100 g Vollmilchschokolade
100 g Zartbitterschokolade
500 ml (1/2 l) Schlagsahne

Für den Rührteig:
250 g Butter oder Margarine
200 g Zucker
1 Pck. Dr. Oetker Vanillin-Zucker
5 Eier (Größe M)
250 g Weizenmehl
10 g Kakaopulver
1 gestr. TL Dr. Oetker Backin
125 g abgezogene, gemahlene Mandeln
75 g gehackte Vollmilchschokolade

Zum Bestreichen:
4 EL Orangenmarmelade

Für die Sternenlollis:
100 g ungefüllte Fruchtbonbons (z. B. Campino)

Zum Bestäuben:
1 EL Kakaopulver

Zubereitungszeit:
40 Minuten, ohne Kühlzeit, und etwa 60 Minuten Backzeit

Insgesamt:
E: 128 g, F: 580 g, Kh: 700 g, kJ: 35662, kcal: 8515

1 Für die Füllung beide Schokoladensorten grob hacken, in der Sahne in einem Topf erwärmen, unter Rühren auflösen und rühren, bis eine geschmeidige Masse entstanden ist. Die Masse in eine Rührschüssel geben und einige Stunden kalt stellen (am besten über Nacht).

2 Für den Teig Butter oder Margarine mit Handrührgerät mit Rührbesen auf höchster Stufe geschmeidig rühren. Nach und nach Zucker und Vanillin-Zucker unterrühren. So lange rühren, bis eine gebundene Masse entstanden ist. Eier nach und nach unterrühren (jedes Ei etwa 1/2 Minute). Mehl mit Kakao und Backin mischen, sieben und in 2 Portionen auf mittlerer Stufe unterrühren. Mandeln und Schokolade unterrühren. Den Teig in eine gefettete, gemehlte Sternbackform (Ø 28 cm) füllen und glatt streichen. Die Form auf dem Rost in den Backofen schieben.

Ober-/Unterhitze: etwa 180 °C (vorgeheizt)
Heißluft: etwa 160 °C (nicht vorgeheizt)
Gas: etwa Stufe 3 (nicht vorgeheizt)
Backzeit: etwa 60 Minuten.

3 Kuchen 10 Minuten in der Form stehen lassen, dann auf einen Kuchenrost stürzen und erkalten lassen. Anschließend den Kuchen einmal waagerecht durchschneiden. Orangenmarmelade durch ein Sieb streichen und den unteren Boden damit bestreichen.

4 Die erkaltete Schoko-Sahne-Masse mit Handrührgerät mit Rührbesen steif schlagen. Ein Drittel der Creme auf den unteren Boden streichen, oberen Boden auflegen und leicht andrücken. Den gesamten Stern mit der restlichen Creme bestreichen und etwa 2 Stunden kalt stellen.

5 Für die Sternenlollis in der Zwischenzeit die ausgewickelten Bonbons auf einem mit Backpapier belegten Backblech verteilen und bei etwa 200 °C (Ober-/Unterhitze) im vorgeheizten Backofen in etwa 5 Minuten zu einer zähflüssigen Platte schmelzen lassen. Masse etwa 1 Minute abkühlen lassen, dann mit gut geölten Ausstechförmchen in der noch weichen heißen Masse Sterne bis zum Backpapier durchdrücken und die Masse weitere 5–10 Minuten abkühlen lassen. Dann die Sterne vom Backpapier lösen. Mit restlicher Bonbonmasse Holzspieße an die Lollis kleben. Den Stern vor dem Servieren mit Kakao bestäuben und mit den Lollis garnieren.

Irish-Coffee-Torte

Mit Alkohol

Für den Rührteig:
175 g Butter oder Margarine
175 g Zucker
1 Pck. Dr. Oetker Vanillin-Zucker
4 Eier (Größe M)
175 g Weizenmehl
20 g Kakaopulver
3 gestr. TL Dr. Oetker Backin
100 g Zartbitter-Raspelschokolade
3–4 EL Irish Whiskey

Für die Füllung:
6 Blatt weiße Gelatine
3 Eier (Größe M)
100 g Zucker
100 ml starker Kaffee
3–4 EL Irish Whiskey
600 ml Schlagsahne

Zum Garnieren und Verzieren:
100 g Halbbitter-Kuvertüre
25 g weiße Kuvertüre
200 ml Schlagsahne

Zubereitungszeit:
70 Minuten, ohne Kühlzeit, und etwa 30 Minuten Backzeit

Insgesamt:
E: 118 g, F: 517 g, Kh: 558 g, kJ: 31629, kcal: 7558

1 Für den Teig Butter oder Margarine mit Handrührgerät mit Rührbesen auf höchster Stufe geschmeidig rühren. Nach und nach Zucker und Vanillin-Zucker unterrühren. So lange rühren, bis eine gebundene Masse entstanden ist. Eier nach und nach unterrühren (jedes Ei etwa 1/2 Minute).

2 Mehl mit Kakao und Backin mischen, sieben und in 2 Portionen auf mittlerer Stufe unterrühren. Zuletzt Raspelschokolade und Whiskey unterrühren. Den Teig in eine Springform (Ø 26 cm, Boden gefettet, mit Backpapier belegt) füllen und glatt streichen. Die Form auf dem Rost in den Backofen schieben.

Ober-/Unterhitze: etwa 180 °C (vorgeheizt)
Heißluft: etwa 160 °C (vorgeheizt)
Gas: Stufe 2–3 (vorgeheizt)
Backzeit: etwa 30 Minuten.

3 Boden aus der Form lösen, auf einen mit Backpapier belegten Kuchenrost stürzen und erkalten lassen. Anschließend mitgebackenes Backpapier entfernen und den Boden zweimal waagerecht durchschneiden.

4 Für die Füllung Gelatine einweichen. Eier mit Zucker und Kaffee in einer Schüssel (am besten aus Metall) verrühren und im Wasserbad erhitzen, dabei die Creme ständig mit Handrührgerät mit Rührbesen auf mittlerer Stufe schlagen. Sobald die Masse beginnt dicklich zu werden, Gelatine ausdrücken und in der warmen Masse auflösen. Masse erkalten lassen, dabei gelegentlich umrühren und Whiskey unterrühren. Sahne steif schlagen und unter die erkaltete Creme heben.

5 Unteren Boden auf eine Tortenplatte legen, Tortenring oder gesäuberten Springformrand darumstellen. Gut ein Drittel der Creme einfüllen und mit dem zweiten Boden bedecken, gut die Hälfte der restlichen Creme aufstreichen, mit dem oberen Boden bedecken und die restliche Creme aufstreichen. Die Torte etwa 2 Stunden kalt stellen.

6 Dunkle und helle Kuvertüre voneinander getrennt auflösen. Dunkle Kuvertüre dünn auf einem auf Backpapier aufgemalten Kreis (Ø etwa 22 cm) ausstreichen und leicht anziehen lassen. Weiße Kuvertüre in einen Gefrierbeutel geben, eine kleine Ecke abschneiden, dünne Streifen auf die dunkle Kuvertüre spritzen und sofort mit einem Tortenkamm oder einer Gabel leicht wellenförmig durchziehen. Die Kuvertüre fest werden lassen, dann mit einem warmen Messer in 12 Tortenstücke teilen.

7 Springformrand oder Tortenring lösen und entfernen. Sahne steif schlagen, Tortenrand damit bestreichen, die restliche Sahne in einen Spritzbeutel mit Lochtülle füllen und die Oberfläche mit Tuffs bespritzen. Die Kuvertüretortenstücke auf die Torte auf die Sahnetuffs legen.

Weihnachtstorte „Schachbrett"

Mit Alkohol – Dauert länger

Für den Knetteig:
125 g Weizenmehl
40 g Zucker
1 Pck. Dr. Oetker Vanillin-Zucker
100 g Butter oder Margarine

Für den Biskuitteig:
6 Eier (Größe M)
3 EL heißes Wasser
170 g Zucker
1 Pck. Dr. Oetker Vanillin-Zucker
5 Tropfen Bittermandel-Aroma
1/2 TL gemahlener Zimt
40 g Speisestärke
1 Msp. Dr. Oetker Backin
250 g gemahlene Haselnusskerne

Für die dunkle Creme:
300 g Halbbitter-Kuvertüre
500 ml (1/2 l) Schlagsahne
125 g weiche Butter
etwa 3 EL Orangenlikör

Für die helle Creme:
350 g weiße Kuvertüre
300 ml Schlagsahne
75 g weiche Butter
etwa 3 EL Orangenlikör

Zum Bestreichen:
6 EL Orangenmarmelade

Zum Garnieren und Bestreuen:
50 g Marzipan-Rohmasse
15 g gesiebter Puderzucker
etwas Puderzucker
100 g gehackte Haselnusskerne

Zubereitungszeit:
100 Minuten, ohne Kühlzeit, und 40–45 Minuten Backzeit

Insgesamt:
E: 168 g, F: 1007 g, Kh: 954 g, kJ: 57144, kcal: 13661

1 Für den Knetteig Mehl in eine Rührschüssel sieben. Restliche Zutaten hinzufügen und mit Handrührgerät mit Knethaken zunächst kurz auf niedrigster, dann auf höchster Stufe gut durcharbeiten. Anschließend auf der leicht bemehlten Arbeitsfläche kurz zu einem Teig verkneten. Den Teig auf dem Boden einer Springform (Ø 26 cm, gefettet) ausrollen. Den Teigboden mehrmals mit einer Gabel einstechen, Springformrand darumlegen und die Form auf dem Rost in den Backofen schieben.

Ober-/Unterhitze: 180–200 °C (vorgeheizt)
Heißluft: 160–180 °C (vorgeheizt)
Gas: etwa Stufe 3 (vorgeheizt)
Backzeit: etwa 15 Minuten.

2 Den Gebäckboden sofort vom Springformboden lösen, aber darauf auf einem Kuchenrost erkalten lassen.

3 Für den Biskuitteig Eier und Wasser mit Handrührgerät mit Rührbesen auf höchster Stufe in 1 Minute schaumig schlagen. Zucker mit Vanillin-Zucker mischen, in 1 Minute einstreuen, dann noch 2 Minuten schlagen. Aroma und Zimt unterrühren. Speisestärke mit Backin mischen, auf die Eiercreme sieben und kurz auf niedrigster Stufe unterrühren. Haselnusskerne unterrühren. Teig in eine Springform (Ø 26 cm, Boden gefettet, mit Backpapier belegt) füllen und glatt streichen. Die Form auf dem Rost in den Backofen schieben und **bei gleicher Backofeneinstellung 25–30 Minuten backen**. Den Boden aus der Form lösen, auf einen Kuchenrost stürzen und erkalten lassen. Dann mitgebackenes Backpapier abziehen und den Boden zweimal waagerecht durchschneiden.

4 Für die dunkle Creme Kuvertüre grob hacken. Sahne in einem Topf erhitzen und von der Kochstelle nehmen. Kuvertüre hinzufügen, unter Rühren darin auflösen und Butter und Likör unterrühren. Die dunkle Kuvertüre-Sahne-Masse in eine Rührschüssel geben, mit Frischhaltefolie zudecken und 1–2 Stunden kalt stellen. Die helle Creme mit den angegebenen Zutaten ebenso zubereiten und kalt stellen.

5 Die dunkle Creme mit Handrührgerät mit Rührbesen cremig aufschlagen, helle Creme ebenfalls aufschlagen. Die gesamte helle Creme und etwa zwei Drittel der dunklen Creme getrennt in Spritzbeutel mit Lochtülle füllen. Den unteren und mittleren Biskuitboden jeweils mit 2 Esslöffeln von der Marmelade bestreichen. Den Knetteigboden mit der restlichen Marmelade bestreichen und den unteren Biskuitboden auflegen. Auf diesen Boden vom Rand zur Mitte hin abwechselnd dunkle und helle Ringe spritzen (mit der dunklen Creme beginnend), mittleren Boden auflegen, leicht andrücken und mit Ringen bespritzen (aber mit heller Creme beginnend). Oberen Boden auflegen und leicht andrücken. Tortenoberfläche und -rand dünn mit der restlichen dunklen Creme bestreichen (evtl. 1–2 Esslöffel zum Verzieren zurücklassen). *(Fortsetzung Seite 70)*

6 Zum Garnieren Marzipan mit Puderzucker verkneten und ausrollen. 16–18 nicht zu dünne Sterne ausstechen. Die Torte mit einer Sternschablone belegen und mit Puderzucker bestreuen. Die Schablone vorsichtig abheben. Restliche Creme in einen Spritzbeutel mit Lochtülle füllen, 16–18 Tuffs auf die Oberfläche spritzen und die Sterne an die Tuffs legen. Den unteren Tortenrand mit Haselnusskernen bestreuen.

Karamellsplittertorte

Raffiniert – Mit Alkohol

Zum Vorbereiten:
150 g Rosinen, 3 EL Orangenlikör

Für den Rührteig:
250 g Butter oder Margarine
250 g Zucker
1 Pck. Dr. Oetker Vanillin-Zucker
½ Fläschchen Butter-Vanille-Aroma, 1 Prise Salz
4 Eier (Größe M)
250 g Weizenmehl
2 gestr. TL Dr. Oetker Backin

Zum Tränken:
70 ml Orangensaft
30 ml Orangenlikör

Für die Füllung:
400 g Halbbitter-Kuvertüre
2–3 EL Speiseöl
60 g abgezogene, gestiftelte Mandeln

Zum Bestreichen:
3 EL Orangenmarmelade
1 EL Wasser

Zum Garnieren:
150 g Zucker

Zubereitungszeit:
60 Minuten, ohne Durchzieh- und Abkühlzeit, und etwa 25 Minuten Backzeit

Insgesamt:
E: 98 g, F: 429 g, Kh: 981 g, kJ: 34833, kcal: 8338

1 Zum Vorbereiten Rosinen mit Orangenlikör beträufeln und 20–30 Minuten durchziehen lassen.

2 Für den Teig Butter oder Margarine mit Handrührgerät mit Rührbesen auf höchster Stufe geschmeidig rühren. Zucker und Vanillin-Zucker mischen und nach und nach unterrühren. So lange rühren, bis eine gebundene Masse entstanden ist. Aroma und Salz hinzufügen. Eier nach und nach unterrühren (jedes Ei etwa ½ Minute). Mehl und Backin mischen, sieben und in 2 Portionen auf mittlerer Stufe unterrühren, zuletzt die getränkten Rosinen kurz unterrühren. Den Teig auf ein Backblech (30 x 40 cm, gefettet, mit Backpapier belegt) streichen. Das Backblech in den Backofen schieben.

Ober-/Unterhitze: etwa 180 °C (vorgeheizt)
Heißluft: etwa 160 °C (vorgeheizt)
Gas: Stufe 2–3 (vorgeheizt)
Backzeit: etwa 25 Minuten.

3 Das Backblech auf einen Kuchenrost stellen und das Gebäck darauf erkalten lassen. Anschließend mitgebackenes Backpapier lösen und die Gebäckplatte vierteln. Zum Tränken Orangensaft mit Orangenlikör verrühren und die Gebäckplatten mit Hilfe eines Pinsels damit tränken.

4 Für die Füllung Kuvertüre mit Öl auflösen. Zunächst eine Gebäckplatte mit 1–2 Esslöffeln Kuvertüre bestreichen und mit einem Drittel der Mandeln bestreuen. Wieder eine Platte darauf legen und den Vorgang wiederholen. Die oberste Platte auflegen und die Seiten begradigen.

5 Zum Bestreichen Marmelade durch ein Sieb streichen, in einem kleinen Topf mit dem Wasser unter Rühren erhitzen und die Gebäckoberfläche damit bestreichen. Das Gebäck mit der restlichen Kuvertüre überziehen und fest werden lassen.

6 Zum Garnieren Zucker bei schwacher Hitze in einem kleinen Topf auflösen und hell karamellisieren lassen, dann auf ein mit Backpapier belegtes Backblech gießen, dünn auseinander streichen und fest werden lassen. Die fest gewordene Karamellplatte in nicht zu große Stücke brechen und dekorativ in das Gebäck stecken.

Petit-Fours-Torte

Beliebt – Mit Alkohol

Für den Biskuitteig:
(Teig 2 x zubereiten)
4 Eier (Größe M)
3 EL Orangensaft, 150 g Zucker
1 Pck. Dr. Oetker Vanillin-Zucker
100 g Weizenmehl
50 g Speisestärke
3 gestr. TL Dr. Oetker Backin
50 g abgezogene, gemahlene Mandeln, 75 g zerlassene, abgekühlte Butter

Für die Buttercreme:
500 ml (1/2 l) Milch, 50 g Zucker
1 Pck. Dr. Oetker Pudding-Pulver Vanille-Geschmack, 200 g weiche Butter, 50 g Kokosfett

Zum Tränken und Bestreichen:
75 ml Himbeergeist
2 EL Wasser, 30 g Zucker
150 g Himbeer- oder Waldfruchtkonfitüre

Für den Guss:
300 g weiße Kuvertüre
50 g Kokosfett

Zum Verzieren und Garnieren:
50 g Halbbitter-Kuvertüre
1 TL Speiseöl
verschiedene Garnierungen (z. B. kandierte Veilchen oder Rosen, Belegkirschen, gehackte Pistazienkerne, getrocknete Aprikosen- oder Ananasstückchen, Zuckerperlen usw.)

Zubereitungszeit:
80 Minuten, ohne Kühlzeit, und etwa 50 Minuten Backzeit

Insgesamt:
E: 145 g, F: 655 g, Kh: 1031 g, kJ: 45109, kcal: 10770

1 Für den Teig Eier und Orangensaft in eine Rührschüssel geben und mit Handrührgerät mit Rührbesen auf höchster Stufe in 1 Minute schaumig schlagen. Zucker und Vanillin-Zucker mischen, in 1 Minute einstreuen und noch 2 Minuten weiterschlagen. Mehl mit Speisestärke und Backin mischen, auf die Eiercreme sieben und auf niedrigster Stufe kurz unterrühren. Mandeln und zuletzt die Butter ebenfalls kurz unterrühren. Einen Backrahmen (26 x 26 cm) auf ein mit Backpapier belegtes Backblech stellen, Teig einfüllen und glatt streichen. Das Backblech in den Backofen schieben.

Ober-/Unterhitze: etwa 180 °C (vorgeheizt)
Heißluft: etwa 160 °C (vorgeheizt)
Gas: Stufe 2–3 (vorgeheizt)
Backzeit: etwa 25 Minuten.

2 Boden aus dem Backrahmen lösen, mit dem Backpapier auf einen Kuchenrost ziehen und erkalten lassen. Zweiten Boden ebenso zubereiten, **bei gleicher Backofeneinstellung etwa 25 Minuten backen** und erkalten lassen. Anschließend jeden Boden einmal waagerecht durchschneiden.

3 Für die Buttercreme aus Milch, Zucker und Pudding-Pulver nach Packungsanleitung einen Pudding kochen, ihn direkt mit Frischhaltefolie belegen und erkalten lassen (nicht kalt stellen). Butter cremig rühren und den erkalteten Pudding esslöffelweise unterschlagen, dabei darauf achten, dass Butter und Pudding Zimmertemperatur haben, da die Creme sonst gerinnt. Kokosfett auflösen und warm unterschlagen.

4 Zum Tränken Wasser mit Zucker aufkochen und abkühlen lassen, Himbeergeist unterrühren. Einen Biskuitboden auf eine Tortenplatte legen, erst mit einem Drittel der Konfitüre bestreichen, dann mit einem Drittel der Buttercreme bestreichen. Zweiten Biskuitboden auflegen. Boden mit Hilfe eines Pinsels mit einem Drittel der Tränke tränken, mit der Hälfte der restlichen Konfitüre bestreichen und mit knapp der Hälfte der restlichen Creme bestreichen. Dritten Boden auflegen, mit der Hälfte der restlichen Tränke tränken, mit restlicher Konfitüre und restlicher Creme (2–3 Esslöffel Creme zurücklassen) bestreichen. Vierten Boden auflegen und mit der restlichen Tränke tränken, Torte rundherum mit der zurückgelassenen Creme bestreichen und etwa 2 Stunden kalt stellen.

5 Für den Guss weiße Kuvertüre mit Kokosfett auflösen, die Torte damit überziehen und den Guss fest werden lassen. Dunkle Kuvertüre mit Öl ebenfalls auflösen, in eine Papierspritztüte füllen und eine kleine Spitze abschneiden. Die Oberfläche des Gebäcks damit in kleine angedeutete Petit Fours einteilen und nach Belieben verzieren und garnieren.

Tipp: Anstelle des Himbeergeistes schmeckt auch sehr gut Kirschwasser, dann auch Kirschkonfitüre verwenden.

Silberhochzeitstorte

Zum Verschenken

Für den Rührteig:
175 g Butter oder Margarine
125 g Zucker
1 Pck. Dr. Oetker Vanillin-Zucker
3 Eier (Größe M)
150 g Weizenmehl
2 gestr. TL Dr. Oetker Backin
100 g abgezogene, gemahlene Mandeln

Für das Baiser:
2 Eiweiß (Größe M)
100 g Puderzucker
silberne Zuckerperlen

Für die Füllung:
300 ml Weißwein
2 Eigelb (Größe M)
75 g Zucker, 40 g Speisestärke
3 EL Zitronensaft
200 ml Schlagsahne
1 Pck. Dr. Oetker Sahnesteif
250 g kernlose grüne Weintrauben
15 Schoko-Biskuit-Kekse mit Orangenfüllung (knapp 200 g)

Für den Belag:
300 g „Hochfeine Marzipandecke“, ausgerollt (von Schwartau) oder 225 g Marzipan-Rohmasse und 75 g Puderzucker

Für den Guss:
100 g Puderzucker
1–2 EL Zitronensaft

Zum Garnieren:
2 EL Puderzucker
3 EL Weißwein
1 EL Zucker
silberne Zuckerperlen
Hochzeitsfoto

Zubereitungszeit:
50 Minuten und etwa 90 Minuten Back- und Trockenzeit

1 Für den Teig Butter oder Margarine mit Handrührgerät mit Rührbesen auf höchster Stufe geschmeidig rühren. Nach und nach Zucker und Vanillin-Zucker unterrühren. So lange rühren, bis eine gebundene Masse entstanden ist. Eier nach und nach unterrühren (jedes Ei etwa 1/2 Minute). Mehl mit Backin mischen, sieben und in 2 Portionen abwechselnd mit den Mandeln auf mittlerer Stufe unterrühren. Den Teig in eine Springform (Ø 26 cm, Boden gefettet, mit Backpapier belegt) füllen, glatt streichen und die Form auf dem Rost in den Backofen schieben.

Ober-/Unterhitze: etwa 180 °C (vorgeheizt)
Heißluft: etwa 160 °C (vorgeheizt)
Gas: Stufe 2–3 (vorgeheizt)
Backzeit: etwa 30 Minuten.

2 Den Boden aus der Form lösen, auf einen Kuchenrost stürzen und erkalten lassen. Anschließend mitgebackenes Backpapier abziehen und den Boden einmal waagerecht durchschneiden.

3 Für das Baiser Eiweiß sehr steif schlagen und Puderzucker unterschlagen. Die Baisermasse in einen Spritzbeutel mit kleiner Loch- oder Sterntülle füllen, auf ein mit Backpapier belegtes Backblech etwa 70 kleine Tupfen, die Zahl „25“ und 2 Ringe spritzen und nach Belieben mit Zuckerperlen garnieren. Das Backblech in den Backofen schieben.

Ober-/Unterhitze: etwa 120 °C (vorgeheizt)
Heißluft: etwa 100 °C (nicht vorgeheizt)
Gas: etwa Stufe 1 (nicht vorgeheizt)
Trockenzeit: etwa 60 Minuten.

4 Backpapier mit Baiser vom Backblech ziehen und erkalten lassen.

5 Für die Füllung Wein mit Eigelb, Zucker, Speisestärke und Zitronensaft in einem Topf bei schwacher Hitze unter ständigem Rühren zum Kochen bringen, anschließend erkalten lassen. Sahne mit Sahnesteif steif schlagen und unter die Weinmasse heben. 2–3 Esslöffel von der Weinsahne abnehmen und kalt stellen. Weintrauben waschen, 5–6 Stück beiseite legen und den Rest halbieren. Den unteren Gebäckboden auf eine Tortenplatte legen und mit der Hälfte der Weinsahne bestreichen. Die Weintraubenhälften darauf legen, leicht andrücken und mit 14 Keksen (Schokoladenseite nach unten) bedecken. Die restliche Weinsahne darauf streichen. Aus dem zweiten Boden in der Mitte eine Platte (Ø 7–8 cm) ausstechen, Platte beiseite legen und den Bodenring auf die Sahne legen. In die ausgestochene Fläche den übrigen Keks legen.

6 Für den Belag Tortenrand und -oberfläche mit der kalt gestellten Sahne bestreichen. Marzipanplatte abrollen [oder Marzipan mit Puderzucker

(Fortsetzung Seite 76)

Insgesamt:
E: 104 g, F: 359 g, Kh: 1021 g, kJ: 33460, kcal: 7979

verkneten, Platte (Ø 26 cm) und Rand ausrollen und ausschneiden], auf die Torte legen und leicht andrücken. Überstehendes Marzipan abschneiden, eine Kordel daraus drehen und unten um die Torte legen.

7 Für den Guss Puderzucker mit Zitronensaft dünnflüssig verrühren und die Torte und die beiseite gelegte Platte damit bestreichen. Die Platte auf das Marzipan legen. Zum Garnieren Puderzucker und Wein verrühren. Die restlichen Trauben damit bestreichen und mit Zucker bestreuen. Trauben, Baisertupfen, -zahlen und -ringe dekorativ auf der Torte verteilen und mit Zuckerperlen und einem früheren Hochzeitsfoto garnieren.

Tausendundeine-Nacht-Torte

Raffiniert

Für den All-in-Teig:
130 g Weizenmehl
3 gestr. TL Dr. Oetker Backin
20 g Kakaopulver
30 g Raspelschokolade
100 g Zucker
2 EL flüssiger Honig
3 Eier (Größe M)
130 g Butter oder Margarine

Zum Garnieren:
125 g Halbbitter-Kuvertüre
1 EL Speiseöl
50 g Johannisbeergelee
100 g Marzipan-Rohmasse

Für die Honigsahne:
3 Blatt weiße Gelatine
500 ml (1/2 l) Schlagsahne
50–75 g flüssiger Honig

Zum Bestreichen:
100 g Johannisbeergelee

Zum Verzieren:
100 ml Schlagsahne

Zubereitungszeit:
70 Minuten, ohne Kühlzeit, und etwa 30 Minuten Backzeit

Insgesamt:
E: 81 g, F: 413 g, Kh: 495 g, kJ: 25194, kcal: 6022

1 Für den Teig alle Zutaten in eine Schüssel geben und mit Handrührgerät mit Rührbesen in 2 Minuten zu einem glatten Teig verarbeiten. Teig in eine Springform (Ø 26 cm, Boden gefettet, mit Backpapier belegt) füllen, glatt streichen und die Form auf dem Rost in den Backofen schieben.

Ober-/Unterhitze: etwa 180 °C (vorgeheizt)
Heißluft: etwa 160 °C (vorgeheizt)
Gas: Stufe 2–3 (vorgeheizt)
Backzeit: etwa 30 Minuten.

2 Das Gebäck aus der Form lösen, auf einen mit Backpapier belegten Kuchenrost stürzen und erkalten lassen. Anschließend mitgebackenes Backpapier abziehen und Boden einmal waagerecht so durchschneiden, dass der untere Boden etwas dicker ist.

3 Den Rand des oberen Bodens abschneiden, so dass eine Platte (Ø 18–20 cm) entsteht, und den Rand fein zerbröseln. Kuvertüre mit Öl auflösen. Die kleine Bodenplatte dünn mit Johannisbeergelee bestreichen. Marzipan in Größe der Platte ausrollen und auflegen. Dann etwas Kuvertüre dick aufstreichen, etwas anziehen lassen, mit einem Tortenkamm in Wellen verzieren und vollständig fest werden lassen. Restliche Kuvertüre dünn auf Backpapier streichen und fest werden lassen. Den bestrichenen Boden mit einem Messer vorsichtig in 12 Tortenstücke einteilen, aber nicht vollständig durchschneiden.

4 Für die Honigsahne Gelatine einweichen und auflösen. Sahne fast steif schlagen, flüssige Gelatine und Honig dazugeben und Sahne steif schlagen. Unteren Boden auf eine Tortenplatte legen, mit Gelee bestreichen, dann die Sahne konisch aufstreichen, so dass der obere Boden aufgelegt werden kann, leicht andrücken. Torte etwa 2 Stunden kalt stellen.

5 Die Gebäckbrösel an den Rand auf die Honigsahne streuen und leicht andrücken. Sahne steif schlagen, in einen Spritzbeutel mit großer Lochtülle füllen und je einen Tuff auf die angedeuteten Tortenstücke spritzen. Aus der Kuvertüre Halbmonde ausstechen und auf die Tuffs legen.

Festtorte

Dauert länger

Für den großen Biskuitboden (Ø 28 cm):

3 Eigelb (Größe M)
3 EL heißes Wasser, 150 g Zucker
1 Pck. Dr. Oetker Vanillin-Zucker
100 g Weizenmehl
100 g Speisestärke
3 gestr. TL Dr. Oetker Backin
3 Eiweiß (Größe M)
75 g zerlassene, abgekühlte Butter

Für den mittleren (Ø 20 cm) und kleinen (Ø 16 cm) Biskuitboden:

5 Eigelb (Größe M)
5 EL heißes Wasser, 250 g Zucker
2 Pck. Dr. Oetker Vanillin-Zucker
170 g Weizenmehl
170 g Speisestärke
4 gestr. TL Dr. Oetker Backin
5 Eiweiß (Größe M)
125 g zerlassene, abgekühlte Butter

Für die helle Buttercreme:

2 Pck. Dr. Oetker Pudding-Pulver Vanille-Geschmack, 200 g Zucker
1 l Milch, 500 g weiche Butter

Für die dunkle Buttercreme:

1 Pck. Dr. Oetker Pudding-Pulver Schokoladen-Geschmack
100 g Zucker
500 ml (½ l) Milch
250 g weiche Butter

Zum Bestreichen:

150 g Sauerkirschkonfitüre
75 g Aprikosenkonfitüre

Zum Bestreuen und Garnieren:

75 g abgezogene, gehobelte Mandeln, kandierte Kirschen Schokostreusel

1 Für den großen Boden Eigelb und Wasser mit Handrührgerät mit Rührbesen auf höchster Stufe in 1 Minute schaumig schlagen. Zucker und Vanillin-Zucker mischen, in 1 Minute einstreuen, dann noch etwa 2 Minuten schlagen. Mehl mit Speisestärke und Backin mischen, die Hälfte davon auf die Eigelbcreme sieben und kurz auf niedrigster Stufe unterrühren. Restliches Mehlgemisch auf die gleiche Weise unterarbeiten. Eiweiß steif schlagen und unterheben. Butter unterrühren. Teig in eine Springform (Ø 28 cm, Boden gefettet, mit Backpapier belegt) füllen und glatt streichen. Die Form auf dem Rost in den Backofen schieben.

Ober-/Unterhitze: etwa 180 °C (vorgeheizt)
Heißluft: ewa 160 ° (vorgeheizt)
Gas: Stufe 2–3 (vorgeheizt)
Backzeit: etwa 30 Minuten.

2 Den Biskuitboden aus der Form lösen, auf einen Kuchenrost stürzen, mitgebackenes Backpapier abziehen und den Boden erkalten lassen. Anschließend den Boden zweimal waagerecht durchschneiden.

3 Für den mittleren und kleinen Boden den Teig ebenso zubereiten und gleich hoch in zwei Springformen (Ø 20 cm und 16 cm, Böden gefettet, mit Backpapier belegt) füllen. Die Springformen nebeneinander auf dem Rost in den Backofen schieben und **bei gleicher Backofeneinstellung 20–25 Minuten backen**, anschließend auf Kuchenrosten erkalten lassen und jeden Boden zweimal waagerecht durchschneiden.

4 Für die helle Buttercreme aus Pudding-Pulver, Zucker und Milch nach Packungsanleitung einen Pudding zubereiten. Sofort Frischhaltefolie direkt auf den heißen Pudding geben und den Pudding erkalten lassen (nicht kalt stellen). Anschließend Butter mit Handrührgerät mit Rührbesen auf höchster Stufe geschmeidig rühren. Den Pudding nach und nach darunter geben, dabei darauf achten, dass Pudding und Butter Zimmertemperatur haben, da die Creme sonst gerinnt. Die dunkle Buttercreme ebenso mit den angegebenen Zutaten zubereiten.

5 Unteren großen Boden (Ø 28 cm) zuerst mit gut der Hälfte der Kirschkonfitüre bestreichen und mittleren Boden auflegen. Zwei Drittel der hellen Creme abnehmen, restliche helle Creme für den kleinen Boden beiseite stellen. Mit gut der Hälfte der großen Menge Creme mittleren großen Boden bestreichen, oberen Boden auflegen und leicht andrücken. Tortenrand und -oberfläche mit der restlichen hellen Creme bestreichen.

6 Den unteren mittelgroßen Biskuitboden (Ø 20 cm) mit Aprikosenkonfitüre bestreichen, mittleren Boden auflegen, mit der Hälfte der dunklen Buttercreme bestreichen, oberen Boden auflegen und Tortenoberfläche und -rand mit der restlichen Buttercreme (etwas zum Verzieren in einen Spritzbeutel mit Lochtülle geben und beiseite legen) bestreichen.

(Fortsetzung Seite 80)

Zubereitungszeit:
120 Minuten, ohne Kühlzeit, und 50–55 Minuten Backzeit

Insgesamt:
E: 162 g, F: 947 g, Kh: 1524 g, kJ: 63989, kcal: 15273

7 Unteren kleinen Boden (Ø 16 cm) mit der restlichen Kirschkonfitüre bestreichen, mittleren Boden auflegen, mit gut der Hälfte der zurückgestellten hellen Creme bestreichen und oberen Boden auflegen. Torte rundherum mit der restlichen Creme bestreichen und kalt stellen.

8 Mandeln in einer Pfanne ohne Fett leicht bräunen, auf einem Teller erkalten lassen und die Tortenränder damit bestreuen. Die Torten aufeinander setzen und die obere Tortenfläche und die Abstufungen der Torte mit der zurückgelassenen dunklen Creme verzieren. Die Torte mit halbierten kandierten Kirschen und Schokostreuseln garnieren.

Eisschokoladentorte

Beliebt

Für den Biskuitteig:
2 Eier (Größe M), 60 g Zucker
50 g Weizenmehl
½ gestr. TL Dr. Oetker Backin

Zum Bestreichen:
50 g Halbbitter-Kuvertüre

Für den Belag:
250 ml (¼ l) Schlagsahne
1 Portionsbeutel (10 g) Cappuccino-Pulver
15 g Kakaogetränkepulver
1 TL Kakaopulver, 50 g Baiser
50 g Schoko-Waffelröllchen
250 ml (¼ l) Schlagsahne
1 Pck. Dr. Oetker Bourbon-Vanille-Zucker

Zum Verzieren und Garnieren:
250 ml (¼ l) Schlagsahne
1 Pck. Dr. Oetker Sahnesteif
1 Pck. Dr. Oetker Vanillin-Zucker
50 g Schoko-Waffelröllchen
etwas Kakaopulver

Zubereitungszeit:
45 Minuten, ohne Gefrierzeit, und etwa 15 Minuten Backzeit

Insgesamt:
E: 51 g, F: 302 g, Kh: 290 g, kJ: 17118, kcal: 4089

1 Für den Teig Eier in eine Rührschüssel geben und mit Handrührgerät mit Rührbesen auf höchster Stufe in 1 Minute schaumig schlagen. Zucker in 1 Minute einstreuen und noch etwa 2 Minuten schlagen. Mehl mit Backin mischen, auf die Eiercreme sieben und auf niedrigster Stufe kurz unterrühren. Den Teig in eine Springform (Ø 26 cm, Boden gefettet, mit Backpapier belegt) füllen und auf dem Rost in den Backofen schieben.

Ober-/Unterhitze: etwa 180 °C (vorgeheizt)
Heißluft: etwa 160 °C (vorgeheizt)
Gas: Stufe 2–3 (vorgeheizt)
Backzeit: etwa 15 Minuten.

2 Den Boden aus der Form lösen und auf einem Kuchenrost erkalten lassen, anschließend mitgebackenes Backpapier abziehen. Zum Bestreichen Kuvertüre auflösen. Boden auf eine Tortenplatte legen, mit der Kuvertüre bestreichen und einen Tortenring darumstellen.

3 Für den Belag Sahne steif schlagen, Cappuccino-Pulver, Kakaogetränkepulver und Kakao unterrühren und die Masse auf dem Boden glatt streichen. Baiser und Waffeln etwas zerbröseln und auf der Sahnemasse verteilen. Sahne und Vanille-Zucker steif schlagen und vorsichtig auf den Bröseln glatt streichen. Die Torte über Nacht in das Gefrierfach stellen.

4 Die Torte aus dem Gefrierfach nehmen und den Tortenring mit einem heißen Messer lösen und entfernen. Sahne mit Sahnesteif und Vanillin-Zucker steif schlagen, mit der Hälfte davon den Tortenrand dünn bestreichen, die restliche Sahne in einen Spritzbeutel mit Sterntülle füllen und die Tortenoberfläche damit verzieren. Die Torte mit Waffeln garnieren und nach Belieben mit etwas Kakao bestäuben.

Tipp: Die Torte mindestens 1 Stunde vor dem Verzehr aus dem Gefrierfach nehmen.

Konfekt-Hochzeitstorte

Zum Verschenken – Dauert länger

Für den Rührteig:
100 g Nuss-Nougat
200 g Butter oder Margarine
150 g Zucker
1 Pck. Dr. Oetker Vanillin-Zucker
1 Pck. Dr. Oetker Finesse Jamaica-Rum-Aroma
4 Eier (Größe M)
300 g Weizenmehl
3 gestr. TL Dr. Oetker Backin

Für den Biskuitteig:
4 Eier (Größe M)
4 EL heißes Wasser
150 g Zucker
150 g Weizenmehl
50 g Speisestärke
1 gestr. TL Dr. Oetker Backin
50 g Kokosraspel
50 g abgezogene, gemahlene Mandeln

Für die Nuss-Nougat-Sahne:
2 Blatt weiße Gelatine
200 g Nuss-Nougat
500 ml (1/2 l) Schlagsahne

21 Zartbitter-Waffelröllchen

Für die Kuvertüre-Sahne:
1 Blatt weiße Gelatine
100 g weiße Kuvertüre
250 ml (1/4 l) Schlagsahne

15 Kokos-Konfektkugeln

50 g Vollmilchschokolade
2–3 EL Kokosraspel
8–10 Schokoladenherzen
1 Kokos-Konfektkugel

Zubereitungszeit:
100 Minuten, ohne Kühlzeit, und etwa 70 Minuten Backzeit

1 Für den Rührteig Nougat auflösen. Butter oder Margarine mit Handrührgerät mit Rührbesen auf höchster Stufe geschmeidig rühren. Nach und nach Zucker, Vanillin-Zucker und Aroma unterrühren. So lange rühren, bis eine gebundene Masse entstanden ist. Eier nach und nach unterrühren (jedes Ei etwa 1/2 Minute). Mehl mit Backin mischen, sieben und in 2 Portionen auf mittlerer Stufe unterrühren. Nougat unterrühren. Den Teig in eine Springform (Ø 26 cm, Boden gefettet, mit Backpapier belegt) füllen, glatt streichen und die Form auf dem Rost in den Backofen schieben.

Ober-/Unterhitze: etwa 180 °C (vorgeheizt)
Heißluft: etwa 160 °C (nicht vorgeheizt)
Gas: Stufe 2–3 (nicht vorgeheizt)
Backzeit: etwa 40 Minuten.

2 Boden aus der Form lösen, auf einen mit Backpapier belegten Kuchenrost stürzen, mitgebackenes Backpapier entfernen und den Boden erkalten lassen.

3 Für den Biskuitteig Eier und Wasser mit Handrührgerät mit Rührbesen auf höchster Stufe in 1 Minute schaumig schlagen. Zucker in 1 Minute einstreuen, dann noch etwa 2 Minuten schlagen. Mehl, Speisestärke und Backin mischen, auf die Eiercreme sieben und kurz auf niedrigster Stufe unterrühren. Unter zwei Drittel des Teiges die Kokosraspel heben, diesen Teil in eine Springform (Ø 18 cm, Boden gefettet, mit Backpapier belegt) füllen und glatt streichen. Unter den restlichen Teig die Mandeln heben, in eine Springform (Ø 14 cm, Boden gefettet, mit Backpapier belegt) füllen und glatt streichen. Beide Springformen nicht zu dicht nebeneinander auf dem Rost in den Backofen schieben und **bei gleicher Backofeneinstellung etwa 30 Minuten backen**. Die Böden aus der Form lösen, auf mit Backpapier belegte Kuchenroste stürzen und erkalten lassen. Anschließend mitgebackenes Backpapier abziehen und beide Biskuitböden einmal waagerecht durchschneiden.

4 Für die Nuss-Nougat-Sahne Gelatine einweichen, Nuss-Nougat auflösen und abkühlen lassen. Sahne steif schlagen, Gelatine auflösen und mit dem dickflüssigen Nuss-Nougat unterrühren. Ein Drittel der Nougatsahne in eine Schüssel geben und beiseite stellen. Den Rührteigboden am Rand und auf der Oberfläche mit der größeren Sahnemenge bestreichen, dabei die Oberfläche 1 1/2–2 cm dick bestreichen. Die Oberfläche mit Hilfe eines Tortenkamms verzieren. In die Mitte der Torte die Waffelröllchen mit der Schokoseite nach unten im Kreis (Ø etwa 14 cm) in die Sahne stecken, leicht andrücken und die Torte kalt stellen. Von der kleineren Menge der Nougatsahne 1–2 Esslöffel abnehmen und den kleinen Boden damit zusammensetzen. Die Torte leicht kuppelförmig mit der restlichen Sahne bestreichen und kalt stellen.

(Fortsetzung Seite 84)

Insgesamt:
E: 198 g, F: 781 g, Kh: 1115 g, kJ: 51315, kcal: 12254

5 Für die Kuvertüre-Sahne Gelatine einweichen, Kuvertüre auflösen und abkühlen lassen. Sahne steif schlagen, Gelatine auflösen und mit der flüssigen Kuvertüre unterrühren. Mit 2–3 Esslöffeln der Sahne den mittleren Biskuitboden zusammensetzen. Torte mit der restlichen Sahne bestreichen und die Oberfläche mit einem Tortenkamm verzieren. In die Mitte der Torte die Kokos-Konfektkugeln im Kreis (Ø etwa 12 cm) und in dessen Mitte in die Sahne drücken und Torte kalt stellen.

6 Vollmilchschokolade raspeln und die Ränder der dunklen Böden damit bestreuen, leicht andrücken. Den Rand der hellen Torte mit Kokosraspeln bestreuen. Torten zusammensetzen, dazu helle Torte auf die Waffelröllchen setzen und kleine Torte auf die Konfektkugeln setzen. Die obere Torte mit Schokoherzen und der Kokos-Konfektkugel garnieren.

Baumkuchentorte mit Pistazienmarzipan

Klassisch – Mit Alkohol

Zum Vorbereiten:
400 g Marzipan-Rohmasse
50 g gemahlene Pistazienkerne
50 g Puderzucker

Für den Rührteig:
250 g Butter oder Margarine
250 g Zucker
1 Pck. Dr. Oetker Vanillin-Zucker
1 Prise Salz
2 Eier (Größe M)
4 Eigelb (Größe M)
75 ml Cognac
150 g Weizenmehl
100 g Speisestärke
3 gestr. TL Dr. Oetker Backin
4 Eiweiß (Größe M)

Für Guss und Garnierung:
200 g Halbbitter-Kuvertüre
1 EL Speiseöl
grob gehackte Pistazienkerne

Zubereitungszeit:
90 Minuten
und etwa 30 Minuten Backzeit

Insgesamt:
E: 135 g, F: 502 g, Kh: 766 g, kJ: 34604, kcal: 8274

1 Zum Vorbereiten Marzipan mit Pistazien und Puderzucker gut verkneten. Marzipan in 4 gleich große Stücke teilen. 3 Stücke zu je einer Kugel formen und zwischen Folie zu runden Platten von etwa 24 cm Durchmesser ausrollen, in Folie einschlagen und zur Seite legen. Restliches Marzipanstück ebenfalls in Folie verpackt beiseite legen.

2 Für den Teig Butter oder Margarine mit Handrührgerät mit Rührbesen auf höchster Stufe geschmeidig rühren. Nach und nach Zucker, Vanillin-Zucker und Salz unterrühren. So lange rühren, bis eine gebundene Masse entstanden ist. Eier und Eigelb nach und nach unterrühren (jedes Ei etwa 1/2 Minute). Cognac kurz unterrühren. Mehl mit Speisestärke und Backin mischen, sieben und in 2 Portionen auf mittlerer Stufe unterrühren. Eiweiß steif schlagen und unterheben.

3 2 Esslöffel des Teiges in eine Springform (Ø 26 cm, Boden gefettet, mit Backpapier belegt) geben, mit einem Tortenheber glatt streichen und unter dem vorgeheizten Grill des Backofens hellbraun backen. Wieder 2 Esslöffel darauf streichen und unter dem Grill hellbraun backen. Die dritte Schicht ebenso backen, dann eine Marzipanplatte auf die Gebäckschicht legen, mit 2 Esslöffeln Teig bestreichen und wie oben beschrieben backen. Nach der sechsten und neunten Teigschicht jeweils wieder eine Marzipanplatte auflegen. Auf diese Weise den ganzen Teig verarbeiten. Anschließend die Torte aus der Form lösen und erkalten lassen.

4 Für den Guss Kuvertüre mit Öl auflösen. Die Torte damit überziehen und restliche Kuvertüre in eine Schüssel geben. Restliches Marzipan ausrollen, einige Kreise (Ø 4–6 cm) ausstechen, die Kreise einschneiden und zu kleinen Tüten formen. Die Tüten teilweise in Kuvertüre tauchen oder damit besprenkeln und auf der Torte im noch leicht feuchten Guss verteilen. Die Torte mit Pistazien garnieren und den Guss fest werden lassen.

Sternentorte

Raffiniert

Für den Biskuitteig:
(Teig 2 x zubereiten –
1 x für Springform Ø 28 cm,
1 x für Springform Ø 24 cm
und Sternform Ø etwa 24 cm):
4 Eier (Größe M)
4 EL heißes Wasser
175 g Zucker
1 Pck. Dr. Oetker Vanillin-Zucker
200 g Weizenmehl
10 g Kakaopulver
1 gestr. TL Dr. Oetker Backin
1 TL Lebkuchengewürz

Für die Füllung der Gebäcke:
250 g Mascarpone
(italienischer Frischkäse)
1 Pck. Dr. Oetker Vanillin-Zucker
1 EL Zitronensaft
100 g weiße Kuvertüre
600 ml Schlagsahne
1 Pck. Dr. Oetker Sahnesteif
1 EL Puderzucker

Zum Bestreichen:
600 ml Schlagsahne
1 Pck. Dr. Oetker Finesse
Bourbon-Vanille-Aroma
2 Pck. Dr. Oetker Sahnesteif

Für die Figuren:
100 g Halbbitter-Kuvertüre

Für die Karamellfäden:
100 g Zucker

Zubereitungszeit:
70 Minuten
und etwa 60 Minuten Backzeit

Insgesamt:
E: 153 g, F: 610 g, Kh: 949 g,
kJ: 41561, kcal: 9925

1 Für den Teig Eier und Wasser mit Handrührgerät mit Rührbesen auf höchster Stufe in 1 Minute schaumig rühren. Zucker und Vanillin-Zucker in 1 Minute einstreuen, dann noch 2 Minuten weiterschlagen. Mehl mit Kakao, Backin und Lebkuchengewürz mischen, die Hälfte davon auf die Eiercreme sieben und kurz auf niedrigster Stufe unterrühren. Restliches Mehlgemisch auf die gleiche Weise unterarbeiten. Den Teig in eine Springform (Ø 28 cm, Boden gefettet, mit Backpapier belegt) füllen und auf dem Rost in den Backofen schieben.

Ober-/Unterhitze: etwa 180 °C (vorgeheizt)
Heißluft: etwa 160 °C (vorgeheizt)
Gas: Stufe 2–3 (vorgeheizt)
Backzeit: 25–30 Minuten.

2 Biskuitteig nochmals wie unter Punkt 1 angegeben zubereiten, auf eine Springform (Ø 24 cm, Boden gefettet, mit Backpapier belegt) und eine Sternform (Ø 24 cm, gefettet und gemehlt) verteilen. Die Formen auf dem Rost in den Backofen schieben und **bei der gleichen Backofeneinstellung 25–30 Minuten backen**.

3 Gebäcke auf mit Backpapier belegte Kuchenroste stürzen und erkalten lassen. Anschließend mitgebackenes Backpapier abziehen und jeden Boden einmal waagerecht durchschneiden.

4 Für die Füllung Mascarpone mit Vanillin-Zucker und Zitronensaft gut verrühren und fein gehackte Kuvertüre unterrühren. Sahne mit Sahnesteif und Puderzucker steif schlagen und unter die Mascarponecreme heben. Die Masse gleichmäßig auf die unteren Gebäckböden verteilen und verstreichen. Die oberen Böden darauf legen und kalt stellen. Zum Bestreichen Sahne mit Bourbon-Vanille-Aroma und Sahnesteif steif schlagen. Die Torten damit bestreichen, aufeinander setzen und kalt stellen.

5 Für die Figuren Kuvertüre auflösen, etwa 2 mm dick auf Backpapier streichen, fast fest werden lassen und mit Plätzchenausstechern verschiedene weihnachtliche Figuren ausstechen. Figuren noch auf dem Backpapier ganz fest werden lassen, evtl. kurz kalt stellen, dann mit einem Messer ablösen und auf und an die Torte stellen.

6 Für die Karamellfäden kurz vor dem Servieren Zucker in einem kleinen Topf erhitzen. Wenn er beginnt sich aufzulösen, den Zucker rühren, bis er hellbraun ist. Topf sofort auf ein feuchtes Tuch stellen, um ein Nachbräunen zu verhindern. Masse unter Rühren abkühlen lassen, bis sie Fäden zieht. Mit Hilfe einer Gabel die Torte mit Karamellfäden einspinnen. Falls die Masse zu fest wird, sie einfach wieder erwärmen.

Tipp: Die Karamellfäden erst kurz vor dem Servieren zubereiten, da sie bei längerem Stehen wieder flüssig werden.

Cappuccino-Wickeltorte

Fruchtig

Für den Biskuitteig:
4 Eier (Größe M)
1 Eigelb (Größe M)
3 EL heißes Wasser
125 g Zucker
1 Pck. Dr. Oetker Vanillin-Zucker
100 g Weizenmehl
20 g Kakaopulver
1 Msp. Dr. Oetker Backin

Für den Knetteig:
150 g Weizenmehl
50 g Zucker
100 g Butter oder Margarine

Für die Füllung:
3 Blatt weiße Gelatine
400 ml Schlagsahne
75 g Zucker
1 Pck. Dr. Oetker Vanillin-Zucker
2 Portionsbeutel (je 10 g) Cappuccino-Pulver
1 kleine Dose Aprikosenhälften (Abtropfgewicht 240 g)

Zum Bestreichen:
1 EL Aprikosenkonfitüre

Zum Garnieren und Verzieren:
100 g Halbbitter-Kuvertüre
1 EL Speiseöl
300 ml Schlagsahne
1 Pck. Dr. Oetker Vanillin-Zucker
50 g Raspelschokolade

Zubereitungszeit:
75 Minuten, ohne Kühlzeit, und etwa 27 Minuten Backzeit

Insgesamt:
E: 101 g, F: 404 g, Kh: 639 g, kJ: 27643, kcal: 6604

1 Für den Biskuitteig Eier, Eigelb und Wasser mit Handrührgerät mit Rührbesen auf höchster Stufe in 1 Minute schaumig schlagen. Zucker und Vanillin-Zucker mischen, in 1 Minute einstreuen, dann noch etwa 2 Minuten weiterschlagen. Mehl mit Kakao und Backin mischen, auf die Eiercreme sieben und kurz auf niedrigster Stufe unterrühren. Den Teig auf ein Backblech (30 x 40 cm, gefettet, mit Backpapier belegt) streichen und das Backblech in den Backofen schieben.

Ober-/Unterhitze: etwa 200 °C (vorgeheizt)
Heißluft: etwa 180 °C (vorgeheizt)
Gas: Stufe 3–4 (vorgeheizt)
Backzeit: etwa 12 Minuten.

2 Die Biskuitplatte auf eine Arbeitsfläche stürzen und mit dem Backpapier erkalten lassen.

3 Für den Knetteig Mehl in eine Rührschüssel sieben. Restliche Zutaten hinzufügen und mit Handrührgerät mit Knethaken zunächst kurz auf niedrigster, dann auf höchster Stufe gut durcharbeiten. Anschließend auf der leicht bemehlten Arbeitsfläche kurz zu einem Teig verkneten. Teig auf einem Springformboden (Ø 26 cm, gefettet) ausrollen, mehrfach mit einer Gabel einstechen, Springformrand darumstellen und **bei gleicher Backofeneinstellung etwa 15 Minuten backen**. Das Gebäck vom Springformboden lösen, aber darauf auf einem Kuchenrost erkalten lassen.

4 Für die Füllung Gelatine einweichen, anschließend ausdrücken und auflösen. Sahne mit Zucker und Vanillin-Zucker fast steif schlagen, flüssige Gelatine dazugeben und Sahne steif schlagen. Cappuccino-Pulver unterrühren. Aprikosen in einem Sieb abtropfen lassen und fein würfeln. Mitgebackenes Backpapier vorsichtig von der Biskuitplatte abziehen, die Biskuitplatte mit der Cappuccinosahne bestreichen und von der kurzen Seite aus in etwa 4,5 cm breite Streifen schneiden, Aprikosenwürfel auf der Creme verteilen und leicht andrücken. Knetteigboden auf eine Tortenplatte legen und mit Konfitüre bestreichen. Einen Biskuitstreifen zur Schnecke aufrollen und in die Mitte des Knetteigbodens stellen. Restliche Streifen darumwickeln. Die Tortenoberfläche glatt streichen und die Torte etwa 2 Stunden kalt stellen.

5 Zum Garnieren und Verzieren Kuvertüre mit Öl auflösen, 2 Tropfen Wasser hinzufügen, geschmeidig rühren und in ein Papiertütchen oder einen kleinen Gefrierbeutel füllen. Eine kleine Ecke abschneiden, kleine Ovale auf Backpapier spritzen, diese mit feineren Schokofäden durchziehen und die Ornamente fest werden lassen. Sahne mit Vanillin-Zucker steif schlagen, 4 Esslöffel davon abnehmen und in einen Spritzbeutel geben. Die Torte vollständig mit der restlichen Sahne einstreichen und den Rand mit Raspelschokolade bestreuen. Die Oberfläche mit der Sahne aus dem Spritzbeutel verzieren und die Ornamente anlegen.

Weiße Mousse-au-Chocolat-Torte

Beliebt

Für den Knetteig:
125 g Weizenmehl
50 g Zucker
1 Pck. Dr. Oetker Vanillin-Zucker
1 Prise Salz
75 g weiche Butter

Für den Biskuitteig:
4 Eier (Größe M)
125 g Zucker
1 Pck. Dr. Oetker Bourbon-Vanille-Zucker
100 g Weizenmehl
15 g Kakaopulver
1 gestr. TL Dr. Oetker Backin
50 g zerlassene, abgekühlte Butter
100 g abgezogene, gehackte Mandeln

Zum Bestreichen:
100 g Pflaumenmus

Für die Füllung:
4 Blatt weiße Gelatine
150 ml Milch
150 g weiße Schokolade
500 ml (1/2 l) Schlagsahne
50 g abgezogene, gehackte Mandeln

Zum Garnieren:
150 g weiße Schokolade
150 g Pflaumenmus
Kakaopulver

Zubereitungszeit:
70 Minuten, ohne Kühlzeit, und 37–40 Minuten Backzeit

Insgesamt:
E: 125 g, F: 465 g, Kh: 680 g, kJ: 30954, kcal: 7391

1 Für den Knetteig Mehl in eine Rührschüssel sieben. Zucker, Vanillin-Zucker, Salz und Butter hinzufügen. Die Zutaten mit Handrührgerät mit Knethaken zunächst kurz auf niedrigster, dann auf höchster Stufe gut durcharbeiten. Anschließend auf der leicht bemehlten Arbeitsfläche kurz zu einem Teig verkneten und auf einem gefetteten Springformboden (Ø 26 cm) ausrollen, mehrmals mit einer Gabel einstechen, Springformrand darumlegen und die Form auf den Rost in den Backofen schieben.

Ober-/Unterhitze: etwa 200 °C (vorgeheizt)
Heißluft: etwa 180 °C (vorgeheizt)
Gas: Stufe 3–4 (vorgeheizt)
Backzeit: 12–15 Minuten.

2 Den Boden sofort nach dem Backen vom Springformboden lösen, aber darauf auf einem Kuchenrost erkalten lassen.

3 Für den Biskuitteig Eier mit Handrührgerät mit Rührbesen auf höchster Stufe in 1 Minute schaumig schlagen. Zucker und Vanille-Zucker mischen, in 1 Minute einstreuen, dann noch 2 Minuten weiterschlagen. Mehl mit Kakao und Backin mischen, auf die Eiercreme sieben und kurz auf niedrigster Stufe unterrühren. Butter kurz unterrühren. Teig in eine Springform (Ø 26 cm, Boden gefettet, mit Backpapier belegt) füllen und mit Mandeln bestreuen. Form auf dem Rost in den Backofen schieben.

Ober-/Unterhitze: etwa 180 °C (vorgeheizt)
Heißluft: etwa 160 °C (vorgeheizt)
Gas: Stufe 2–3 (vorgeheizt)
Backzeit: etwa 25 Minuten.

4 Den Biskuitboden aus der Form lösen, auf einen mit Backpapier belegten Kuchenrost stürzen und erkalten lassen, mitgebackenes Backpapier abziehen und den Boden einmal waagerecht durchschneiden. Knetteigboden auf eine Tortenplatte legen, mit Pflaumenmus bestreichen, den unteren Biskuitboden darauf legen und einen Tortenring darumstellen.

5 Für die Füllung Gelatine einweichen. Milch zum Kochen bringen, von der Kochstelle nehmen, Schokolade in Stücke brechen und darin unter Rühren auflösen. Gelatine hinzufügen, unter Rühren auflösen und die Schokomilch kurz kalt stellen. Sahne steif schlagen und unter die dickliche Schokomilch heben. Die Hälfte der Creme auf den Tortenboden streichen, mit Mandeln bestreuen, den oberen Biskuitboden auflegen und mit der restlichen Creme bestreichen. Die Torte 2–3 Stunden kalt stellen.

6 Zum Garnieren Schokolade auflösen, dünn auf Backpapier streichen und fest werden lassen (nicht kalt stellen). Tortenring lösen und entfernen. Tortenrand mit Pflaumenmus bestreichen. Aus der Schokoladenplatte Sterne ausstechen.

(Fortsetzung Seite 92)

Die Sterne an den Tortenrand kleben und in die Tortenoberfläche stecken. Die Torte vor dem Servieren mit etwas Kakao bestäuben.

Punschtorte

Mit Alkohol

Für den Biskuitteig (Teig 2 x zubereiten):

4 Eier (Größe M)
4 EL heißes Wasser
150 g Zucker
1 Pck. Dr. Oetker Vanillin-Zucker
100 g Weizenmehl
100 g Speisestärke
3 gestr. TL Dr. Oetker Backin

Für die Füllung:

1 Pck. Dr. Oetker Finesse Orangenfrucht
8 EL Orangensaft
2–3 EL Zitronensaft
200 ml Rotwein, 6 EL Rum
50 g Zartbitterschokolade

Zum Bestreichen:

200 g Johannisbeergelee

Für die Marzipandecke:

200 g Marzipan-Rohmasse
100 g gesiebter Puderzucker
etwas grüne Speisefarbe

Für den Guss:

200 g Puderzucker
2–3 EL Malvetee (zubereitet aus 1 Aufgussbeutel mit 50–75 ml kochendem Wasser)

Zum Garnieren:

silberne Zuckerperlen
Puderzucker

Zubereitungszeit:

75 Minuten, ohne Kühlzeit, und 50–60 Minuten Backzeit

Insgesamt:

E: 108 g, F: 138 g, Kh: 1211 g, kJ: 28483, kcal: 6800

1 Für den Teig Eier und Wasser mit Handrührgerät mit Rührbesen auf höchster Stufe in 1 Minute schaumig schlagen. Zucker mit Vanillin-Zucker mischen, in 1 Minute einstreuen, dann noch etwa 2 Minuten schlagen. Mehl mit Speisestärke und Backin mischen, die Hälfte davon auf die Eiercreme sieben und kurz auf niedrigster Stufe unterrühren. Restliches Mehlgemisch auf die gleiche Weise unterarbeiten. Den Teig in einer Springform (Ø 26 cm, Boden gefettet, mit Backpapier belegt) füllen und glatt streichen. Die Form auf dem Rost in den Backofen schieben.

Ober-/Unterhitze: etwa 180 °C (vorgeheizt)
Heißluft: etwa 160 °C (vorgeheizt)
Gas: Stufe 2–3 (vorgeheizt)
Backzeit: 25–30 Minuten.

2 Den Boden aus der Form lösen und auf einem Kuchenrost erkalten lassen. Anschließend mitgebackenes Backpapier abziehen. Zweiten Boden ebenso zubereiten und **bei gleicher Backofeneinstellung 25–30 Minuten backen**. Einen der Böden fein zerbröseln und die Brösel in eine Schüssel geben. Den zweiten Boden einmal waagerecht durchschneiden.

3 Für die Füllung Orangenfrucht mit Orangensaft, Zitronensaft, Rotwein, Rum und zerkleinerter Schokolade in einen Topf geben und unter Rühren erhitzen. Die heiße Schoko-Frucht-Masse zu den Biskuitbröseln geben und vermengen. Den unteren Boden auf eine Platte legen, mit etwas glatt gerührtem Gelee bestreichen, evtl. Tortenring darumstellen. Die Bröselmasse darauf verteilen und ebenfalls mit etwas Gelee bestreichen. Den oberen Boden darauf legen und gut andrücken. Tortenoberfläche und -rand mit dem restlichen Johannisbeergelee bestreichen.

4 Für die Marzipandecke Marzipan mit Puderzucker verkneten und auf einer mit Puderzucker bestäubten Arbeitsfläche etwa 2 mm dick ausrollen. Einen Streifen in Höhe des Tortenrandes und eine runde Platte in der Größe der Torte daraus ausschneiden, Torte damit be- und umlegen und Marzipan fest andrücken. Restliche Marzipanmasse mit Speisefarbe einfärben und weihnachtliche Motive ausstechen.

5 Für den Guss Puderzucker mit Malvetee zu einer dickflüssigen Masse verrühren. 2 Esslöffel von dem Guss in ein Papiertütchen geben und eine kleine Spitze abschneiden. Die Torte mit dem restlichen Guss überziehen und etwas fest werden lassen. Sterne mit dem Guss aus dem Papiertütchen auf die Tortenoberfläche spritzen. Die Marzipanmotive mit etwas Guss an den Tortenrand kleben. Die Torte mit Zuckerperlen garnieren und mit Puderzucker bestäuben. Guss fest werden lassen.

Mandel-Amaretto-Torte

Raffiniert – Mit Alkohol

Für den Biskuitteig:
4 Eier (Größe M)
2 EL Amaretto (Mandellikör)
150 g Zucker
1 Pck. Dr. Oetker Vanillin-Zucker
100 g Weizenmehl
2 gestr. TL Dr. Oetker Backin
100 g abgezogene, gemahlene Mandeln

Für die Amarettocreme:
8 Blatt weiße Gelatine
4 Eier (Größe M)
150 g Zucker
150 ml Milch
600 ml Schlagsahne
2 Pck. Dr. Oetker Finesse Amaretto-Bittermandel-Aroma

Für die Mandelfächer:
75 g Butter
30 g Zucker
1 Pck. Dr. Oetker Vanillin-Zucker
2 EL Schlagsahne
100 g abgezogene, gehobelte Mandeln

Zum Verzieren:
200 ml Schlagsahne
1 Pck. Dr. Oetker Vanillin-Zucker

Zubereitungszeit:
75 Minuten, ohne Kühlzeit, und etwa 45 Minuten Backzeit

Insgesamt:
E: 143 g, F: 488 g, Kh: 482 g, kJ: 29065, kcal: 6939

1 Für den Teig Eier und Amaretto in eine Rührschüssel geben und mit Handrührgerät mit Rührbesen auf höchster Stufe in 1 Minute schaumig schlagen. Zucker und Vanillin-Zucker mischen, in 1 Minute einstreuen und noch 2 Minuten weiterschlagen. Mehl mit Backin mischen, auf die Eiercreme sieben und auf mittlerer Stufe kurz unterrühren, zuletzt Mandeln kurz unterrühren. Den Teig in eine Springform (Ø 26 cm, Boden gefettet, mit Backpapier belegt) füllen und glatt streichen. Die Form auf dem Rost in den Backofen schieben.

Ober-/Unterhitze: etwa 180 °C (vorgeheizt)
Heißluft: etwa 160 °C (vorgeheizt)
Gas: Stufe 2–3 (vorgeheizt)
Backzeit: etwa 30 Minuten.

2 Den Boden aus der Form lösen, auf einen mit Backpapier belegten Kuchenrost stürzen und erkalten lassen, anschließend mitgebackenes Backpapier abziehen und den Boden einmal waagerecht durchschneiden.

3 Für die Amarettocreme Gelatine einweichen. Eier mit Zucker und Milch in einer Schüssel (am besten aus Metall) verrühren und im Wasserbad erhitzen, dabei ständig mit Handrührgerät mit Rührbesen auf mittlerer Stufe schlagen. Sobald die Masse beginnt dicklich zu werden, Gelatine ausdrücken und in der heißen Masse unter Rühren auflösen. Die Masse aus dem Wasserbad nehmen und erkalten lassen, dabei gelegentlich umrühren. Sahne steif schlagen, unter die erkaltete Creme heben und das Aroma kurz unterrühren. Den unteren Boden auf eine Tortenplatte legen und mit gut der Hälfte der Amarettocreme bestreichen. Zweiten Boden auflegen und die Torte rundherum mit der restlichen Creme bestreichen. Die Torte etwa 2 Stunden kalt stellen.

4 Für die Mandelfächer in der Zwischenzeit Butter mit Zucker und Vanillin-Zucker in einem Topf zerlassen und verrühren, Sahne und Mandeln hinzufügen und unter Rühren kurz aufkochen lassen. Die Mandelmasse in eine Springform (Ø 18–20 cm, Boden gefettet, mit Backpapier belegt) geben und gleichmäßig andrücken, dazu evtl. einen feuchten Löffel verwenden. Die Form auf dem Rost in den Backofen schieben und **bei gleicher Backofeneinstellung etwa 15 Minuten backen**.

5 Den Mandelboden vorsichtig aus der Form lösen, noch heiß in 12 Tortenstücke schneiden und erkalten lassen. Zum Verzieren kurz vor dem Servieren Sahne mit Vanillin-Zucker steif schlagen und in einen Spritzbeutel mit Lochtülle füllen. 12 große längliche Tuffs oder Spiralen auf die Tortenoberfläche spritzen und jeweils einen Mandelfächer anlegen.

Tipp: Anstelle von Dr. Oetker Finesse Amaretto-Bittermandel-Aroma kann die Creme mit 75 ml Amaretto und 75 ml Milch zubereitet werden.

Exotische Terrassentorte mit Sekt

Raffiniert – Mit Alkohol

Für den Biskuitteig:
3 Eier (Größe M)
3 EL Sekt, 125 g Zucker
1 Pck. Dr. Oetker Vanillin-Zucker
125 g Weizenmehl
25 g Speisestärke
2 gestr. TL Dr. Oetker Backin
50 g Kokosraspel

Für die karamellisierten Früchte:
1 Mango, 1 Papaya, 1 Kiwi
25 g Butter
1 EL Zucker

Für die Füllung:
3 Blatt weiße Gelatine
400 ml Schlagsahne
25 g Zucker
1 Pck. Paradiescreme Aprikosen-Geschmack (Dessertpulver)
200 ml trockener Sekt

Zum Bestreichen und Garnieren:
350 ml Schlagsahne
1 Pck. Dr. Oetker Sahnesteif
2 Pck. Dr. Oetker Vanillin-Zucker
1 Kiwi
Zucker zum Karamellisieren
Kokosraspel

Zubereitungszeit:
90 Minuten, ohne Kühlzeit, und etwa 30 Minuten Backzeit

Insgesamt:
E: 67 g, F: 328 g, Kh: 481 g, kJ: 22272, kcal: 5315

1 Für den Teig Eier und Sekt mit Handrührgerät mit Rührbesen auf höchster Stufe in 1 Minute schaumig schlagen. Zucker und Vanillin-Zucker mischen, in 1 Minute einstreuen und noch 2 Minuten weiterschlagen. Mehl mit Speisestärke und Backin mischen, auf die Eiercreme sieben und kurz auf niedrigster Stufe unterrühren. Kokosraspel unterrühren. Teig in eine Springform (Ø 26 cm, gefettet, mit Backpapier belegt) füllen, glatt streichen und die Form auf dem Rost in den Backofen schieben.

Ober-/Unterhitze: etwa 180 °C (vorgeheizt)
Heißluft: etwa 160 °C (vorgeheizt)
Gas: Stufe 2–3 (vorgeheizt)
Backzeit: etwa 30 Minuten.

2 Boden aus der Form lösen, auf einen mit Backpapier belegten Kuchenrost stürzen und erkalten lassen, anschließend mitgebackenes Backpapier abziehen und den Boden einmal waagerecht durchschneiden. Den unteren Boden auf eine Tortenplatte legen und den oberen Boden in etwa 3 cm breite Ringe schneiden (ergibt 3 Ringe und 1 Mittelstück).

3 Zum Karamellisieren Mangofruchtfleisch vom Stein schneiden, Mangostücke, Papaya und Kiwi schälen, bei der Papaya Kerne entfernen und jede Frucht in Würfel schneiden (einige Mango- und Papayaspalten zum Garnieren beiseite legen). Butter in einer Pfanne zerlassen, Zucker und Früchte darin leicht karamellisieren lassen und erkalten lassen.

4 Für die Füllung Gelatine einweichen. Sahne mit Zucker steif schlagen. Gelatine auflösen und unterschlagen. Paradiescreme und Sekt mit Handrührgerät mit Rührbesen auf höchster Sufe etwa 2 Minuten verrühren und kurz unter die Sahne rühren. Erkaltete Früchte unterheben. Um den unteren Tortenboden einen Tortenring stellen und knapp die Hälfte der Creme auf dem Boden verstreichen. Den äußeren Rand auflegen und mit Creme ausfüllen. Den zweiten Ring auflegen und wieder mit Creme ausstreichen. Den dritten Ring auflegen, mit der restlichen Creme ausfüllen und das Mittelstück auflegen. Die Torte etwa 2 Stunden kalt stellen.

5 Tortenring lösen und entfernen. Sahne mit Sahnesteif und Vanillin-Zucker steif schlagen und die Torte und die Terrassen (evtl. mit einem Tafelmesser) damit bestreichen. Übrig gebliebene Früchte und die geschälte, in Scheiben oder halbe Scheiben geschnittene Kiwi mit karamellisiertem Zucker besprenkeln und abkühlen lassen. Die Torte vor dem Servieren mit den Früchten belegen und mit Kokosraspeln bestreuen.

Brandteigtürmchentorte

Zum Verschenken

Für den Knetteig:
200 g Weizenmehl
50 g Zucker
1 Msp. gemahlener Zimt
125 g Butter oder Margarine
50 g abgezogene, gehobelte Mandeln

Für den Brandteig:
200 ml Wasser
40 g Butter oder Margarine
100 g Weizenmehl
30 g Speisestärke
4–5 Eier (Größe M)

Für den Belag:
1 Dose Aprikosen (Abtropfgewicht 480 g)
4 Blatt weiße Gelatine
400 ml Milch
1 Pck. Dr. Oetker Pudding-Pulver Vanille-Geschmack
40 g Zucker
400 ml Schlagsahne
1 Pck. Dr. Oetker Bourbon-Vanille-Zucker

Zum Garnieren und Verzieren:
100 g Aprikosenkonfitüre
100 g verlesene gemischte Beeren
100 g Zucker

Zubereitungszeit:
90 Minuten, ohne Kühlzeit, und 45–65 Minuten Backzeit

Insgesamt:
E: 108 g, F: 337 g, Kh: 661 g, kJ: 25650, kcal: 6122

1 Für den Knetteig Mehl in eine Rührschüssel sieben. Restliche Zutaten hinzufügen und mit Handrührgerät mit Knethaken zunächst kurz auf niedrigster, dann auf höchster Stufe gut durcharbeiten. Anschließend auf der leicht bemehlten Arbeitsfläche kurz zu einem Teig verkneten, zu einem Rechteck (20 x 30 cm) ausrollen, auf ein mit Backpapier belegtes Backblech ziehen, mehrfach mit einer Gabel einstechen und das Backblech in den Backofen schieben.

Ober-/Unterhitze: etwa 200 °C (vorgeheizt)
Heißluft: etwa 180 °C (vorgeheizt)
Gas: Stufe 3–4 (vorgeheizt)
Backzeit: etwa 15 Minuten.

2 Die Gebäckplatte mit dem Backpapier vom Backblech auf einen Kuchenrost ziehen und darauf erkalten lassen.

3 Für den Brandteig Wasser mit Butter oder Margarine in einem Stieltopf zum Kochen bringen. Mehl mit Speisestärke mischen, sieben, auf einmal in die von der Kochstelle genommene Flüssigkeit schütten, zu einem glatten Kloß rühren und unter Rühren etwa 1 Minute erhitzen. Den heißen Kloß sofort in eine Schüssel geben. Nach und nach Eier mit Handrührgerät mit Knethaken auf höchster Stufe unterarbeiten. Der Teig muss stark glänzen und so vom Löffel abreißen, dass lange Spitzen hängen bleiben.

4 Gut die Hälfte des Brandteiges in einen Spritzbeutel mit großer Sterntülle füllen, daraus 2 Rahmen (je 20 x 30 cm) auf mit Backpapier belegte Backbleche spritzen und die Rahmen jeweils **bei gleicher Backofeneinstellung etwa 20 Minuten backen**. Das Gebäck vorsichtig mit dem Backpapier vom Backblech auf Kuchenroste ziehen und erkalten lassen. Den restlichen Brandteig in einen Spritzbeutel mit kleiner Lochtülle füllen, knapp haselnussgroße Kugeln auf ein mit Backpapier belegtes Backblech spritzen und **bei gleicher Backofeneinstellung etwa 10 Minuten backen**. Anschließend die Kugeln auf einem Kuchenrost erkalten lassen.

5 Für den Belag Aprikosen in einem Sieb abtropfen lassen. Gelatine einweichen. Aus Milch, Pudding-Pulver und Zucker nach Packungsanleitung einen Pudding kochen, Gelatine ausdrücken, in den heißen Pudding rühren und Pudding erkalten lassen. Anschließend Sahne mit Vanille-Zucker steif schlagen und unterheben. Knetteigboden mit der Hälfte der Konfitüre bestreichen. Einen Brandteigrahmen mit der glatten Seite nach oben auf den Boden legen, mit etwas Konfitüre bestreichen, den anderen Rahmen mit der glatten Seite nach unten darauf legen und leicht andrücken. Aprikosen auf dem Knetteigboden verteilen, Vanillecreme im Rahmen auf den Aprikosen glatt streichen. Die Torte etwa 2 Stunden kalt stellen.

6 Zum Garnieren restliche Konfitüre glatt rühren und die Brandteigkugeln damit auf der Creme zu Türmchen zusammensetzen. Beeren dazwischen

(Fortsetzung Seite 100)

verteilen. Vor dem Servieren Zucker karamellisieren lassen und mit Hilfe einer Gabel die Brandteigtürmchen mit Karamellfäden einspinnen.

Pflaumen-Marzipan-Torte

Für Gäste

Für den Knetteig:
75 g Marzipan-Rohmasse
250 g Weizenmehl
1 Msp. Dr. Oetker Backin
50 g Zucker
5 Tropfen Bittermandel-Aroma
1 Becher (150 g) Crème fraîche
150 g Butter oder Margarine

Zum Bestreuen:
50 g gehackte Mandeln
30 g Zimt-Zucker

Für die Füllung:
1 Glas Pflaumen (Abtropfgewicht 385 g)
800 ml Schlagsahne
2 Pck. Dr. Oetker Sahnesteif
30 g Zucker

Zum Garnieren und Verzieren:
125 g Marzipan-Rohmasse
25 g gesiebter Puderzucker
3 EL Aprikosenkonfitüre

Zubereitungszeit:
60 Minuten, ohne Kühlzeit, und 60–80 Minuten Backzeit

Insgesamt:
E: 87 g, F: 534 g, Kh: 570 g, kJ: 31145, kcal: 7446

1 Für den Teig Marzipan sehr fein schneiden. Mehl mit Backin mischen und in eine Rührschüssel sieben. Marzipan und restliche Zutaten hinzufügen und mit Handrührgerät mit Knethaken zunächst kurz auf niedrigster, dann auf höchster Stufe gut durcharbeiten und anschließend auf der leicht bemehlten Arbeitsfläche kurz zu einem glatten Teig verkneten.

2 Aus dem Teig 4 Böden backen, dazu jeweils ein Viertel des Teiges auf einem Springformboden (Ø 26 cm, Boden gefettet) ausrollen, mehrfach mit einer Gabel einstechen und mit jeweils einem Viertel der Mandeln und des Zimt-Zuckers bestreuen. Den ausgerollten Teig kurz ruhen lassen, den Springformrand darumstellen und die Form auf dem Rost in den Backofen schieben.

Ober-/Unterhitze: etwa 200 °C (vorgeheizt)
Heißluft: etwa 180 °C (vorgeheizt)
Gas: Stufe 3–4 (vorgeheizt)
Backzeit: 15–20 Minuten je Boden.

3 Die Böden vom Springformboden lösen und jeweils auf einem Kuchenrost erkalten lassen.

4 Für die Füllung Pflaumen in einem Sieb abtropfen lassen, 6 Stück (12 Hälften) zum Garnieren beiseite legen. Sahne mit Sahnesteif und Zucker steif schlagen (evtl. in 2 Portionen). 3–4 Esslöffel der Sahne in einen Spritzbeutel mit großer Sterntülle füllen und kalt stellen.

5 Einen Boden auf eine Tortenplatte legen und einen Tortenring oder den gesäuberten Springformrand darumstellen. Ein Drittel der Sahne bis zum Rand gleichmäßig aufstreichen und mit einem Drittel der Pflaumen belegen, zweiten und dritten Boden ebenso auflegen, leicht andrücken und füllen und vierten Boden auflegen. Torte kalt stellen.

6 Zum Garnieren und Verzieren Marzipan mit Puderzucker verkneten und zu einer runden Platte (Ø etwa 24 cm) ausrollen. Die Marzipanplatte in 12 Tortenstücke schneiden. Tortenring oder Springformrand lösen und entfernen und die Tortenoberfläche mit glatt gerührter Konfitüre bestreichen. Jedes Marzipan-Tortenstück an einer Ecke schräg einrollen und auf die Tortenoberfläche legen. Die marzipanfreie Ecke mit einem dicken Sahnetuff verzieren und mit einer halben Pflaume garnieren.

Tipp: Die Torte am Vortag zubereiten, dann sind die Böden weicher. Am Serviertag zubereitet Torte mit einem elektrischen Messer schneiden.

Erdbeer-Überraschungstorte

Beliebt

Für den Rührteig:
150 g Butter oder Margarine
125 g Zucker
1 Pck. Dr. Oetker Vanillin-Zucker
3 Eier (Größe M)
150 g Weizenmehl
2 gestr. TL Dr. Oetker Backin

Für die Erdbeercreme:
3 Blatt rote Gelatine
150 g pürierte Erdbeeren
1–2 TL Zitronensaft
200 g Mascarpone
(ital. Frischkäse)
30 g Zucker
100 ml Schlagsahne

Für die Mascarponecreme:
3 Blatt weiße Gelatine
300 g Mascarpone
400 ml Schlagsahne
50 g Zucker

Für das Erdbeerpüree:
2 Blatt weiße Gelatine
150 ml pürierte Erdbeeren

Zum Garnieren und Verzieren:
300 ml Schlagsahne
20 g Zucker
75 g pürierte Erdbeeren
einige Erdbeeren mit Grün

Zubereitungszeit:
90 Minuten, ohne Kühlzeit, und etwa 30 Minuten Backzeit

Insgesamt:
E: 94 g, F: 610 g, Kh: 411 g, kJ: 31712, kcal: 7571

1 Für den Teig Butter oder Margarine mit Handrührgerät mit Rührbesen auf höchster Stufe geschmeidig rühren. Nach und nach Zucker und Vanillin-Zucker unterrühren. So lange rühren, bis eine gebundene Masse entstanden ist. Eier nach und nach unterrühren (jedes Ei etwa 1/2 Minute). Mehl mit Backin mischen, sieben und unterrühren. Teig in eine Springform (Ø 26 cm, Boden gefettet, mit Backpapier belegt) füllen und glatt streichen. Die Form auf dem Rost in den Backofen schieben.

Ober-/Unterhitze: etwa 180 °C (vorgeheizt)
Heißluft: etwa 160 °C (vorgeheizt)
Gas: Stufe 2–3 (vorgeheizt)
Backzeit: etwa 30 Minuten.

2 Den Boden auf einen mit Backpapier belegten Kuchenrost stürzen und erkalten lassen. Anschließend mitgebackenes Backpapier abziehen und den Boden einmal waagerecht durchschneiden.

3 Für die Erdbeercreme Gelatine einweichen, dann ausdrücken, auflösen und pürierte Erdbeeren und Zitronensaft unterrühren. Knapp die Hälfte davon abnehmen und beiseite stellen, unter die größere Menge Mascarpone und Zucker rühren. Sahne steif schlagen und unter die Masse heben. Eine kleine Schüssel (etwa 1/2 l Inhalt) mit Frischhaltefolie auslegen und die Creme einfüllen. Zurückgelassenes Erdbeerpüree durchrühren, in einen Gefrierbeutel geben, eine Ecke abschneiden und in die Mitte der Creme spritzen. Die Schüssel etwa 1 Stunde kalt stellen.

4 Für die Mascarponecreme Gelatine einweichen, dann ausdrücken, auflösen und zunächst mit etwas Mascarpone verrühren, dann restlichen Mascarpone unterrühren. Schlagsahne mit Zucker steif schlagen und unterheben. Für das Erdbeerpüree Gelatine einweichen, ausdrücken, auflösen und die pürierten Erdbeeren nach und nach unterrühren.

5 Unteren Tortenboden auf eine Platte legen. Die Erdbeercreme aus der Schüssel in die Mitte des Bodens stürzen, Schüssel und Frischhaltefolie entfernen und einen Tortenring um den Boden legen. Eine dünne Schicht Erdbeerpüree auf den Boden um die Kuppel streichen, ein Drittel der Mascarponecreme waagerecht aufstreichen, wieder etwas Erdbeerpüree aufstreichen, die Hälfte der restlichen Creme aufstreichen, restliches Püree und dann restliche Creme aufstreichen. Oberen Boden auflegen und andrücken. Die Torte etwa 2 Stunden kalt stellen.

6 Zum Garnieren und Verzieren Sahne mit Zucker steif schlagen und die Torte rundherum dünn bestreichen. Restliche Sahne in einen Spritzbeutel mit kleiner Lochtülle füllen. An den Rand der Tortenoberfläche einen Ring spritzen und etwa 3 cm weiter innen einen zweiten Ring spritzen. Den Zwischenraum der Ringe vor dem Servieren mit pürierten Erdbeeren ausfüllen und die weiße Oberfläche mit Erdbeerhälften garnieren.

Mohn-Marzipan-Torte

Beliebt – Mit Alkohol

Für den Biskuitteig:
4 Eier (Größe M)
3 EL Weißwein oder Apfelsaft
150 g Zucker
1 Pck. Dr. Oetker Vanillin-Zucker
125 g Weizenmehl
50 g Speisestärke
2 gestr. TL Dr. Oetker Backin
30–40 g fein gemahlene Pistazienkerne

Für die Marzipancreme:
2 Blatt weiße Gelatine
200 g Marzipan-Rohmasse
200 ml Milch
1 Pck. Dr. Oetker Pudding-Pulver Vanille-Geschmack
200 ml Schlagsahne

Für die Mohncreme:
2 Blatt weiße Gelatine
50 g Mohnsamen
200 ml Milch, 30 g Zucker
1 Pck. Dr. Oetker Pudding-Pulver Vanille-Geschmack
200 ml Schlagsahne

Für den Apfelbelag:
750 g Äpfel, z. B. Elstar
etwa 250 ml (1/4 l) Weißwein oder Apfelsaft
25 g Zucker
1 Pck. Tortenguss, klar

Zum Garnieren:
20 g gemahlene oder gehackte Pistazienkerne

Zubereitungszeit:
90 Minuten, ohne Kühlzeit, und etwa 30 Minuten Backzeit

Insgesamt:
E: 119 g, F: 289 g, Kh: 621 g, kJ: 23723, kcal: 5662

1 Für den Teig Eier und Wein oder Saft in eine Rührschüssel geben und mit Handrührgerät mit Rührbesen auf höchster Stufe in 1 Minute schaumig schlagen. Zucker und Vanillin-Zucker mischen, in 1 Minute einstreuen und noch 2 Minuten weiterschlagen. Mehl mit Speisestärke und Backin mischen, die Hälfte davon auf die Eiercreme sieben und auf niedrigster Stufe kurz unterrühren. Restliches Mehlgemisch ebenso unterarbeiten. Zuletzt Pistazien unterrühren. Den Teig in eine Springform (Ø 26 cm, Boden gefettet, mit Backpapier belegt) füllen, glatt streichen und die Form auf dem Rost in den Backofen schieben.

Ober-/Unterhitze: etwa 180 °C (vorgeheizt)
Heißluft: etwa 160 °C (vorgeheizt)
Gas: Stufe 2–3 (vorgeheizt)
Backzeit: etwa 30 Minuten.

2 Den Boden aus der Form lösen, auf einen mit Backpapier belegten Kuchenrost stürzen und erkalten lassen. Anschließend mitgebackenes Backpapier abziehen und den Boden zweimal waagerecht durchschneiden.

3 Für die Marzipancreme Gelatine einweichen. Marzipan sehr fein schneiden und unter ständigem Rühren mit der Milch zum Kochen bringen. Pudding-Pulver mit der Sahne verrühren, in die kochende Marzipanmilch geben, unter Rühren aufkochen lassen und den Topf von der Kochstelle nehmen. Gelatine ausdrücken und unter Rühren darin auflösen. Den unteren Tortenboden auf eine Tortenplatte legen, Tortenring oder gesäuberten Springformrand darumlegen, die warme Marzipancreme einfüllen, glatt streichen und mit dem mittleren Boden bedecken.

4 Für die Mohncreme Gelatine einweichen. Mohn mit Milch und Zucker in einem Topf zum Kochen bringen, Pudding-Pulver mit Sahne verrühren, in die kochende Mohnmilch rühren und unter Rühren kurz aufkochen lassen. Den Topf von der Kochstelle nehmen, Gelatine leicht ausdrücken und unter Rühren in der heißen Mohncreme auflösen. Die Creme auf dem mittleren Boden glatt streichen und mit dem oberen Boden bedecken. Die Torte etwa 2 Stunden kalt stellen.

5 Für den Apfelbelag Äpfel schälen, vierteln, entkernen und in Spalten schneiden. Apfelspalten in einem Topf mit etwas Wein oder Saft weich garen, dann in einem Sieb abtropfen lassen und die Kochflüssigkeit dabei auffangen. Äpfel abkühlen lassen und dekorativ auf der Tortenoberfläche verteilen. Kochflüssigkeit mit Wein oder Saft auf 250 ml (1/4 l) auffüllen, mit Zucker und Tortenguss nach Packungsanleitung einen Guss bereiten, auf den Äpfeln verteilen und mit Pistazien garnieren. Den Guss fest werden lassen und den Tortenring oder Springformrand lösen.

Tipp: Die Torte schmeckt gut durchgezogen am besten, kann also gut am Vortag zubereitet werden.

Sommertorte mit Hippenblüten

Dauert länger

Für den Biskuitteig:
3 Eier (Größe M)
3 EL Orangensaft
125 g Zucker
1 Pck. Dr. Oetker Vanillin-Zucker
125 g Weizenmehl
50 g Speisestärke
3 gestr. TL Dr. Oetker Backin
75 g zerlassene, abgekühlte Butter

Für die Füllung:
8 Blatt weiße Gelatine
300 g gemischte Beeren
400 g Crème fraîche
75 g Zucker
1 Pck. Dr. Oetker Vanillin-Zucker
550 ml Schlagsahne

Für den Spiegelguss:
3 Blatt rote Gelatine
250 ml (1/4 l) roter Saft, z. B. Himbeer- oder Johannisbeersaft
nach Belieben Zucker

Für die Hippenblüten:
50 g Puderzucker
1 Ei (Größe M)
50 g Weizenmehl
40–50 ml Schlagsahne
etwas Kakaopulver

Zum Verzieren und Garnieren:
200 ml Schlagsahne
1 Pck. Dr. Oetker Vanillin-Zucker
einige Beeren

Zubereitungszeit:
100 Minuten, ohne Kühlzeit, und 30–40 Minuten Backzeit

Insgesamt:
E: 103 g, F: 465 g, Kh: 525 g, kJ: 28108, kcal: 6727

1 Für den Teig Eier und Orangensaft in eine Rührschüssel geben und mit Handrührgerät mit Rührbesen auf höchster Stufe in 1 Minute schaumig schlagen. Zucker und Vanillin-Zucker mischen, in 1 Minute einstreuen und noch 2 Minuten weiterschlagen. Mehl mit Speisestärke und Backin mischen, auf die Eiercreme sieben und auf niedrigster Stufe kurz unterrühren. Zuletzt Butter unterziehen. Den Teig in eine Springform (Ø 26 cm, Boden gefettet, mit Backpapier belegt) füllen und glatt streichen. Die Form auf dem Rost in den Backofen schieben.

Ober-/Unterhitze: etwa 180 °C (vorgeheizt)
Heißluft: etwa 160 °C (vorgeheizt)
Gas: Stufe 2–3 (vorgeheizt)
Backzeit: etwa 30 Minuten.

2 Den Boden aus der Form lösen, auf einen mit Backpapier belegten Kuchenrost stürzen und erkalten lassen. Anschließend mitgebackenes Backpapier abziehen und den Boden einmal waagerecht durchschneiden.

3 Für die Füllung Gelatine einweichen. Beeren verlesen, 150 g davon pürieren und durch ein Sieb passieren. Beerenpüree mit Crème fraîche und Zucker verrühren. Gelatine auflösen und zunächst mit etwas von der Crème-fraîche-Masse verrühren, dann unter die restliche Masse rühren. Sobald die Masse beginnt dicklich zu werden, Sahne steif schlagen und unterheben. Den unteren Boden auf eine Tortenplatte legen und einen Tortenring oder den gesäuberten Springformrand darumstellen. Ein Drittel der Beerencreme einfüllen, glatt streichen und die restlichen Beeren darauf verteilen. Die Hälfte der restlichen Beerencreme darauf geben und verstreichen. Den zweiten Boden auflegen. Die restliche Beerencreme darauf geben und verstreichen. Die Torte etwa 1 Stunde kalt stellen.

4 Für den Spiegelguss Gelatine einweichen, dann ausdrücken, auflösen und den Saft nach und nach unterrühren. Je nach Süße des Saftes den Guss mit Zucker abschmecken, vorsichtig auf die Creme gießen und die Torte nochmals etwa 1 Stunde kalt stellen, bis der Guss fest ist.

5 Für die Hippenblüten aus dünner Pappe eine Blütenschablone schneiden. Puderzucker und Ei mit Handrührgerät mit Rührbesen gut verrühren und Mehl unterrühren. So viel Sahne unterrühren, dass die Masse streichfähig ist, aber nicht auseinander läuft. 2 Esslöffel Teig abnehmen und mit etwas Kakao verrühren. Dunklen Teig in einen Gefrierbeutel geben und eine kleine Ecke abschneiden. Einige Hippenblüten mit Hilfe der Schablone auf ein mit Backpapier belegtes Backblech streichen (am besten mit einer Palette) und mit etwas dunklem Teig verzieren. Das Backblech in den Backofen schieben und die Blüten **bei gleicher Backofeneinstellung in 3–5 Minuten goldgelb backen**. Anschließend die Blüten sofort vom Backpapier lösen und erkalten lassen. Einige Blüten

(Fortsetzung Seite 108)

dazu über einen runden Kochlöffelstiel oder in einen Eierbecher legen, damit sie plastischer werden.

6 Springformrand oder Tortenring lösen und entfernen. Sahne mit Vanillin-Zucker steif schlagen, Tortenrand damit bestreichen, dabei mit einem Messerrücken ein Muster eindrücken. Restliche Sahne in einen Spritzbeutel mit Sterntülle füllen und die Oberfläche damit verzieren. Kurz vor dem Servieren Hippenblüten und Beeren auf der Oberfläche verteilen.

Zarte Blätterteig-Schichttorte

Beliebt

Für die Böden:
450 g (10 Platten) TK-Blätterteig
100 g abgezogene, gehobelte Mandeln
50 g Zucker

Für die Creme:
2 Blatt weiße Gelatine
1 Pck. Gala Pudding-Pulver Bourbon-Vanille
80 g Zucker
2 Eigelb (Größe M)
375 ml (3/8 l) Milch
1/2 Pck. Dr. Oetker Bourbon-Vanille-Zucker
2 Becher (je 125 g) Crème double
250 g verlesene Brombeeren

Zum Verzieren und Garnieren:
1 Becher (125 g) Crème double
1/2 Pck. Dr. Oetker Bourbon-Vanille-Zucker
einige Brombeeren
Zitronenmelisse, Puderzucker

Zubereitungszeit:
40 Minuten, ohne Auftau-, Ruhe- und Kühlzeit, und etwa 50 Minuten Backzeit

Insgesamt:
E: 79 g, F: 358 g, Kh: 379 g, kJ: 21105, kcal: 5063

1 Für die Böden Teigplatten nebeneinander nach Packungsanleitung auftauen lassen. Anschließend nacheinander je 2 Teigplatten aufeinander legen, auf einem Springformboden (Ø 26 cm, dünn gefettet) rund ausrollen, mehrmals mit einer Gabel einstechen und etwa 20 Minuten ruhen lassen. Anschließend mit Mandeln und Zucker bestreuen, den Springformrand darumstellen und die Form auf dem Rost in den Backofen schieben.

Ober-/Unterhitze: etwa 200 °C (vorgeheizt)
Heißluft: etwa 180 °C (vorgeheizt)
Gas: Stufe 3–4 (vorgeheizt)
Backzeit: etwa 10 Minuten je Boden.

2 Die Böden sofort nach dem Backen aus der Form und vom Springformboden lösen und jeweils auf einem Kuchenrost erkalten lassen.

3 Für die Creme Gelatine einweichen. Pudding-Pulver mit Zucker, Eigelb und etwas Milch verrühren. Restliche Milch zum Kochen bringen, das angerührte Pulver einrühren, unter Rühren aufkochen lassen und von der Kochstelle nehmen. Gelatine ausdrücken und unter Rühren im heißen Pudding auflösen. Pudding erkalten lassen, dabei gelegentlich umrühren.

4 Unter die erkaltete Creme Vanille-Zucker und Crème double rühren und die Creme kalt stellen, bis sie etwas fester wird. Anschließend die Creme nochmals kurz durchrühren und vier der Böden mit je einem Viertel der Creme bestreichen, mit Brombeeren belegen (große Beeren halbieren) und die Böden zu einer Torte zusammensetzen. Zuletzt den unbestrichenen fünften Boden auflegen und die Torte etwa 30 Minuten kalt stellen.

5 Vor dem Servieren Crème double mit Bourbon-Vanille-Zucker glatt rühren, in Häufchen auf die Torte geben, mit einigen Brombeeren und Zitronenmelisse garnieren und die Torte mit Puderzucker bestäuben.

Tipp: Die Böden erst 1 Stunde vor dem Servieren zusammensetzen, sonst werden sie weich. Torte mit einem elektrischen Messer schneiden.
Sie können Crème double durch Mascarpone ersetzen.

Himbeer-Wickeltorte im Schokomantel

Raffiniert – Dauert länger

Für den Biskuitteig:
4 Eier (Größe M)
1 Eigelb (Größe M)
3 EL heißes Wasser
125 g Zucker
1 Pck. Dr. Oetker Vanillin-Zucker
125 g Weizenmehl
1 Msp. Dr. Oetker Backin
30 g Kokosraspel

Für den Knetteig:
150 g Weizenmehl
50 g Zucker
100 g Butter oder Margarine

Für die Füllung:
6 Blatt weiße Gelatine
300 g Himbeerjoghurt
75 g Zucker
1 Pck. Dr. Oetker Vanillin-Zucker
400 ml Schlagsahne
200 g Himbeeren

Für den Schokomantel:
200 g weiße Kuvertüre
1 EL Speiseöl

Zum Bestreichen und Garnieren:
200 ml Schlagsahne
einige Himbeeren
nach Belieben Zitronenmelisse

Zubereitungszeit:
100 Minuten, ohne Kühlzeit, und etwa 27 Minuten Backzeit

Insgesamt:
E: 116 g, F: 420 g, Kh: 657 g, kJ: 28803, kcal: 6878

1 Für den Biskuitteig Eier, Eigelb und Wasser mit Handrührgerät mit Rührbesen auf höchster Stufe in 1 Minute schaumig schlagen. Zucker und Vanillin-Zucker mischen, in 1 Minute einstreuen und noch 2 Minuten weiterschlagen. Mehl mit Backin mischen, auf die Eiercreme sieben und auf niedrigster Stufe kurz unterrühren. Kokosraspel kurz unterheben. Teig auf ein Backblech (30 x 40 cm, gefettet, mit Backpapier belegt) streichen und das Backblech in den Backofen schieben.

Ober-/Unterhitze: etwa 200 °C (vorgeheizt)
Heißluft: etwa 180 °C (vorgeheizt)
Gas: Stufe 3–4 (vorgeheizt)
Backzeit: etwa 12 Minuten.

2 Die Biskuitplatte auf die Arbeitsfläche stürzen und mit dem Backpapier erkalten lassen. Anschließend Backpapier abziehen.

3 Für den Knetteig Mehl in eine Rührschüssel sieben. Restliche Zutaten hinzufügen und mit Handrührgerät mit Knethaken zunächst kurz auf niedrigster, dann auf höchster Stufe gut durcharbeiten, anschließend auf der leicht bemehlten Arbeitsfläche kurz zu einem Teig verkneten. Den Teig auf einem Springformboden (Ø 26 cm, gefettet) ausrollen, mehrfach mit einer Gabel einstechen, den Springformrand darumstellen und den Boden **bei gleicher Backofeneinstellung etwa 15 Minuten backen**. Dann den Knetteigboden vom Springformboden lösen, aber darauf auf einem Kuchenrost erkalten lassen.

4 Für die Füllung Gelatine einweichen. Himbeerjoghurt mit Zucker und Vanillin-Zucker verrühren. Gelatine auflösen und zunächst mit etwas Joghurtmasse verrühren, dann unter die restliche Masse rühren und die Masse kalt stellen. Wenn die Masse beginnt dicklich zu werden, Sahne steif schlagen und unterheben. Joghurtcreme auf die Biskuitplatte streichen, Platte von der kurzen Seite aus in 5 cm breite Streifen schneiden, Himbeeren darauf verteilen und leicht andrücken. Knetteigboden auf eine Tortenplatte legen. Einen Biskuitstreifen vorsichtig zur Schnecke aufrollen, in die Mitte des Knetteigbodens stellen. Restliche Streifen darumlegen, einen Tortenring darumstellen. Die herausgedrückte Sahne auf der Oberfläche verstreichen und die Torte etwa 1 Stunde kalt stellen.

5 Für den Schokomantel weiße Kuvertüre mit Öl auflösen, etwa 6 cm hoch dünn auf einen Streifen Backpapier (Länge = Umfang der Torte) verstreichen und fast ganz fest werden lassen (nicht kalt stellen). Tortenring lösen und entfernen, Sahne steif schlagen und Oberfläche und Rand damit bestreichen. Schokomantel mit dem Backpapier um die Torte stellen, leicht andrücken und kalt stellen. Wenn die Kuvertüre vollständig erstarrt ist, Backpapier vorsichtig abziehen. Vor dem Servieren die Tortenoberfläche mit frischen Himbeeren und nach Belieben mit Zitronenmelisse garnieren.

Kronentorte mit Mangocreme

Für Gäste

Für den Biskuitteig:
3 Eier (Größe M)
2 EL heißes Wasser
150 g Zucker
1 Pck. Dr. Oetker Vanillin-Zucker
100 g Weizenmehl
3 gestr. TL Dr. Oetker Backin
100 g abgezogene, gemahlene Mandeln
100 g zerlassene, abgekühlte Butter

Für den Mandelboden:
2 Eiweiß (Größe M)
2 Eigelb (Größe M)
25 g Zucker
3 Tropfen Bittermandel-Aroma
50 g abgezogene, gemahlene Mandeln

Für die Füllung:
1 Mango (etwa 350 g)
6 Blatt weiße Gelatine
400 g Pfirsich-Maracuja-Joghurt
60 g Zucker
350 ml Schlagsahne

Zum Abglänzen:
1 Blatt weiße Gelatine
1 TL Zucker
75 ml Wasser

Zum Garnieren und Verzieren:
250 ml (1/4 l) Schlagsahne
1 Pck. Dr. Oetker Vanillin-Zucker
50 g abgezogene, gemahlene, leicht gebräunte Mandeln

Zubereitungszeit:
80 Minuten, ohne Kühlzeit, und etwa 45 Minuten Backzeit

Insgesamt:
E: 127 g, F: 426 g, Kh: 452 g, kJ: 25704, kcal: 6139

1 Für den Teig Eier und Wasser in eine Rührschüssel geben und mit Handrührgerät mit Rührbesen auf höchster Stufe in 1 Minute schaumig schlagen. Zucker und Vanillin-Zucker mischen, in 1 Minute einstreuen und noch 2 Minuten weiterschlagen. Mehl mit Backin mischen, auf die Eiercreme sieben und auf niedrigster Stufe kurz unterrühren, Mandeln kurz unterrühren und zuletzt die Butter unterziehen. Den Teig in eine Springform (Ø 26 cm, Boden gefettet, mit Backpapier belegt) füllen, glatt streichen und die Form auf dem Rost in den Backofen schieben.

Ober-/Unterhitze: etwa 180 °C (vorgeheizt)
Heißluft: etwa 160 °C (vorgeheizt)
Gas: Stufe 2–3 (vorgeheizt)
Backzeit: etwa 30 Minuten.

2 Den Boden aus der Form lösen, auf einen mit Backpapier belegten Kuchenrost stürzen und erkalten lassen. Dann mitgebackenes Backpapier abziehen und den Boden einmal waagerecht durchschneiden.

3 Für den Mandelboden Eiweiß steif schlagen. Eigelb mit Zucker schaumig schlagen und Aroma und Mandeln unterrühren, zuletzt den Eischnee unterziehen. Die Masse in eine Springform (Ø 26 cm, Boden gefettet, mit Backpapier belegt) füllen und glatt streichen. Die Form auf dem Rost in den Backofen schieben und **bei gleicher Backofeneinstellung etwa 15 Minuten backen**. Dann den Boden sofort aus der Form lösen, in 12 Stücke schneiden, rund biegen, so dass Bögen entstehen und auf einer Teigrolle oder Flasche erkalten lassen.

4 Für die Füllung Mangofruchtfleisch vom Stein schneiden, schälen, 100 g davon abwiegen und pürieren, restliches Mangofruchtfleisch fein würfeln. Gelatine einweichen. Joghurt mit Zucker verrühren. Gelatine auflösen und zunächst mit etwas von dem Joghurt verrühren, dann unter den restlichen Joghurt rühren. Sobald die Masse beginnt dicklich zu werden, Sahne steif schlagen und unterheben. Den unteren Boden auf eine Tortenplatte legen und einen Tortenring oder den gesäuberten Springformrand darumstellen. Ein Drittel der Creme einfüllen, glatt streichen, Mangowürfel darauf verteilen und mit der Hälfte der restlichen Creme bestreichen. Den oberen Boden auflegen, andrücken und mit der restlichen Joghurtcreme bestreichen. Mangopüree mit Hilfe eines Teelöffels in Klecksen auf die Creme geben und mit einem Holzspieß marmorieren. Die Torte etwa 1 Stunde kalt stellen.

5 Zum Abglänzen der Oberfläche Gelatine einweichen, anschließend ausdrücken und mit dem Zucker in einem kleinen Topf bei schwacher Hitze unter Rühren auflösen. Topf von der Kochstelle nehmen und nach und nach das Wasser hinzufügen. Die Flüssigkeit vorsichtig auf die Tortenoberfläche geben und die Torte nochmals etwa 1 Stunde kalt stellen.

(Fortsetzung Seite 114)

6 Zum Garnieren und Verzieren Sahne mit Vanillin-Zucker steif schlagen. Torte aus dem Tortenring lösen, Rand dünn mit Sahne bestreichen und Mandeln an den Rand geben. Restliche Sahne in einen Spritzbeutel mit großer Sterntülle füllen. 12 dicke Sahnetuffs auf die Oberfläche spritzen und die Bögen kurz vor dem Servieren anlegen.

Batida-de-Côco-Kuppel

Beliebt – Mit Alkohol

Für den Biskuitteig:
4 Eier (Größe M)
3 EL Batida de Côco (Kokoslikör)
150 g Zucker
1 Pck. Dr. Oetker Vanillin-Zucker
100 g Weizenmehl
50 g Speisestärke
2 gestr. TL Dr. Oetker Backin
75 g Kokosraspel

Für die Creme:
8 Blatt weiße Gelatine
1 Dose Ananasringe (Abtropfgewicht 340 g)
150 ml Ananassaft aus der Dose
150 ml Batida de Côco
300 g Doppelrahm-Frischkäse
70 g Zucker
400 ml Schlagsahne

Zum Garnieren und Verzieren:
40 g Kokosraspel
200 ml Schlagsahne
1 Pck. Dr. Oetker Vanillin-Zucker

Zubereitungszeit:
60 Minuten, ohne Kühlzeit, und etwa 30 Minuten Backzeit

Insgesamt:
E: 109 g, F: 384 g, Kh: 532 g, kJ: 26914, kcal: 6424

1 Für den Teig Eier und Batida de Côco in eine Rührschüssel geben und mit Handrührgerät mit Rührbesen auf höchster Stufe in 1 Minute schaumig schlagen. Zucker und Vanillin-Zucker mischen, in 1 Minute einstreuen und noch 2 Minuten weiterschlagen. Mehl mit Speisestärke und Backin mischen, auf die Eiercreme sieben und auf niedrigster Stufe kurz unterrühren, zuletzt Kokosraspel unterheben. Den Teig in eine Springform (Ø 26 cm, Boden gefettet, mit Backpapier belegt) füllen und glatt streichen. Die Form auf dem Rost in den Backofen schieben.

Ober-/Unterhitze: etwa 180 °C (vorgeheizt)
Heißluft: etwa 160 °C (vorgeheizt)
Gas: Stufe 2–3 (vorgeheizt)
Backzeit: etwa 30 Minuten.

2 Den Boden aus der Form lösen, auf einen mit Backpapier belegten Kuchenrost stürzen und erkalten lassen, anschließend mitgebackenes Backpapier abziehen und den Boden einmal waagerecht durchschneiden.

3 Für die Creme Gelatine einweichen. Ananas in einem Sieb abtropfen lassen, den Saft dabei auffangen und 150 ml davon abmessen. Ananas in kleine Stücke schneiden. Batida de Côco mit Ananassaft, Frischkäse und Zucker verrühren. Gelatine auflösen und zunächst mit etwas von der Frischkäsemasse verrühren, dann unter die restliche Frischkäsemasse rühren. Sobald die Masse beginnt dicklich zu werden, Sahne steif schlagen und unterheben. Die Ananasstücke ebenfalls unterheben.

4 Eine breite runde Schüssel mit dem oberen Boden auslegen, evtl. etwas zurecht schneiden. Die Creme einfüllen, glatt streichen und den zweiten Boden auflegen, evtl. etwas zurecht schneiden. Den Boden andrücken und die Torte mindestens 3 Stunden kalt stellen.

5 Zum Garnieren und Verzieren Kokosraspel in einer Pfanne ohne Fett leicht bräunen und auf einem Teller erkalten lassen. Aus Papier Schablonen, z. B. unterschiedlich große Dreiecke, schneiden. Sahne mit Vanillin-Zucker steif schlagen. Die Kuppel auf eine Tortenplatte stürzen, rundherum mit der Sahne bestreichen und die Schablonen dekorativ auflegen. Die Kuppel mit den gerösteten Kokosraspeln bestreuen und die Schablonen vorsichtig entfernen.

Sommernachtstraum

Beliebt

Für den Biskuitteig:
4 Eier (Größe M)
150 g Zucker
1 Pck. Dr. Oetker Vanillin-Zucker
150 g Weizenmehl
25 g Kakaopulver
1 gestr. TL Dr. Oetker Backin

Für die Füllung:
6 Blatt weiße Gelatine
350 g gemischte Beerenfrüchte (z. B. Himbeeren, Brombeeren, Johannisbeeren und Erdbeeren)
300 g Dickmilch oder Kefir
50 g Zucker
400 ml Schlagsahne

Zum Garnieren:
75 g Halbbitter-Kuvertüre
250 g Beerenfrüchte (Johannisbeerrispen, Erdbeeren, Himbeeren, Brombeeren)
30 g Zucker
evtl. etwas Zitronenmelisse

Zubereitungszeit:
60 Minuten, ohne Kühlzeit, und etwa 30 Minuten Backzeit

Insgesamt:
E: 88 g, F: 195 g, Kh: 489 g, kJ: 17169, kcal: 4101

1 Für den Teig Eier in eine Rührschüssel geben und mit Handrührgerät mit Rührbesen auf höchster Stufe in 1 Minute schaumig schlagen. Zucker und Vanillin-Zucker mischen, in 1 Minute einstreuen und noch etwa 2 Minuten schlagen. Mehl mit Kakao und Backin mischen, die Hälfte davon auf die Eiercreme sieben und auf niedrigster Stufe kurz unterrühren, restliches Mehlgemisch auf die gleiche Weise unterrühren. Teig in eine Springform (Ø 26 cm, Boden gefettet, mit Backpapier belegt) füllen. Die Form auf dem Rost in den Backofen schieben.

Ober-/Unterhitze: etwa 180 °C (vorgeheizt)
Heißluft: etwa 160 °C (vorgeheizt)
Gas: Stufe 2–3 (vorgeheizt)
Backzeit: etwa 30 Minuten.

2 Den Boden auf einen Kuchenrost stürzen und erkalten lassen. Anschließend mitgebackenes Backpapier abziehen und den Boden zweimal waagerecht durchschneiden.

3 Für die Füllung Gelatine einweichen. Beerenfrüchte verlesen und 200 g davon pürieren. Dickmilch oder Kefir mit Zucker und Beerenpüree verrühren. Gelatine auflösen, mit etwas von der Masse verrühren, dann unter die restliche Masse rühren. Sahne steif schlagen und unterheben. Ein Drittel der Creme abnehmen, die restlichen Beerenfrüchte evtl. klein schneiden und unter die große Crememenge heben. Cremes kalt stellen, bis sie anfangen dicklich zu werden.

4 Den unteren Boden auf eine Tortenplatte legen und die Creme mit den ganzen Beeren kuppelförmig in die Mitte des unteren Bodens streichen, dabei rundherum 2 cm frei lassen. Vom mittleren Boden einen 2 cm breiten Rand abschneiden (Reste zerbröseln und beiseite stellen). Die Platte über die Kuppel legen und andrücken. Gut die Hälfte der abgenommenen Creme waagerecht darauf streichen, oberen Boden auflegen und Rand und Oberfläche der Torte mit der restlichen Creme bestreichen. Die Torte 2–3 Stunden kalt stellen.

5 Zum Garnieren in der Zwischenzeit Kuvertüre hacken, auflösen und in ein Papiertütchen füllen. Schmetterlinge auf Backpapier spritzen und fest werden lassen. Den Tortenrand mit den beiseite gestellten Kuchenbröseln bestreuen und etwas andrücken.

6 Beeren verlesen, evtl. abspülen oder anfeuchten und in Zucker wälzen. Kurz vor dem Servieren die Tortenoberfläche mit gezuckerten Beeren, Schmetterlingen und evtl. Zitronenmelisse garnieren.

Biskuitrollentorte „Exotic" (Titelrezept)

Für Gäste

Für den Knetteig:
125 g Weizenmehl
40 g Zucker
1 Pck. Dr. Oetker Vanillin-Zucker
80 g Butter oder Margarine

Für den Biskuitteig:
3 Eier (Größe M)
3 EL heißes Wasser
150 g Zucker
1 Pck. Dr. Oetker Vanillin-Zucker
100 g Weizenmehl
50 g Speisestärke
1 gestr. TL Dr. Oetker Backin

Zum Bestreichen:
200 g Erdbeerkonfitüre
1 EL Pfirsich-Maracuja-Konfitüre

Für den Belag:
1 Pck. Saucenpulver Vanille-Geschmack zum Kochen
20 g Zucker, 225 ml Milch
500 g vorbereitetes Obst, z. B. Litschis, Karambole, Kiwis, Nektarinen, Erdbeeren

Für den Guss:
1 Pck. Tortenguss, klar
25 g Zucker
250 ml (1/4 l) Apfelsaft
1 EL Zitronensaft

Für den Tortenrand:
2 EL Erdbeerkonfitüre
20 g Kokosraspel

Zubereitungszeit:
50 Minuten, ohne Kühlzeit, und etwa 27 Minuten Backzeit

Insgesamt:
E: 62 g, F: 113 g, Kh: 784 g, kJ: 18577, kcal: 4435

1 Für den Knetteig Mehl in eine Rührschüssel sieben. Die übrigen Zutaten hinzufügen und mit Handrührgerät mit Knethaken zunächst kurz auf niedrigster, dann auf höchster Stufe gut durcharbeiten. Anschließend auf der leicht bemehlten Arbeitsfläche kurz zu einem Teig verkneten. Den Teig auf dem Boden einer Springform (Ø 22 cm, gefettet) ausrollen, mehrmals mit einer Gabel einstechen und den Springformrand darumlegen. Die Form auf dem Rost in den Backofen schieben.

Ober-/Unterhitze: etwa 200 °C (vorgeheizt)
Heißluft: etwa 180 °C (vorgeheizt)
Gas: Stufe 3–4 (vorgeheizt)
Backzeit: etwa 15 Minuten.

2 Den Boden sofort nach dem Backen vom Springformboden lösen, aber darauf auf einem Kuchenrost erkalten lassen.

3 Für den Biskuitteig Eier und Wasser mit Handrührgerät mit Rührbesen auf höchster Stufe in 1 Minute schaumig schlagen. Zucker und Vanillin-Zucker in 1 Minute einstreuen, noch etwa 2 Minuten weiterschlagen. Mehl mit Speisestärke und Backin mischen, auf die Eiercreme sieben und kurz auf niedrigster Stufe unterrühren. Den Teig auf ein Backblech (30 x 40 cm, gefettet, mit Backpapier belegt) streichen und an der offenen Seite des Backblechs das Backpapier unmittelbar vor dem Teig zur Falte knicken, so dass ein Rand entsteht. Das Backblech in den Backofen schieben und **bei gleicher Backofeneinstellung etwa 12 Minuten backen**.

4 Den Biskuit sofort nach dem Backen auf ein mit Zucker bestreutes Backpapier stürzen, das mitgebackene Backpapier mit kaltem Wasser bestreichen und vorsichtig, aber schnell abziehen. Den Biskuit sofort gleichmäßig mit Erdbeerkonfitüre bestreichen, von der kürzeren Seite aus aufrollen und erkalten lassen. Die Rolle in 10 gleichmäßig dicke Scheiben schneiden. Den gesäuberten Springformrand wieder um den Knetteigboden legen, diesen mit Pfirsich-Maracuja-Konfitüre bestreichen und ganz dicht mit den Biskuitrollenscheiben belegen.

5 Für den Belag aus Saucenpulver, Zucker und Milch nach Packungsanleitung, aber mit den hier angegebenen Zutaten, einen Pudding zubereiten und etwas abkühlen lassen, dabei gelegentlich umrühren. Pudding lauwarm in die Form auf die Biskuitrollenscheiben geben und glatt streichen. Obst in Scheiben oder Spalten schneiden und darauf verteilen.

6 Für den Guss einen Tortenguss nach Packungsanleitung, aber mit den hier angegebenen Zutaten zubereiten. Den Guss mit Hilfe eines Pinsels auf dem Obst verteilen, fest werden lassen und den Springformrand entfernen. Erdbeerkonfitüre durch ein Sieb streichen, den Rand der Torte damit bestreichen und mit Kokosraspeln bestreuen.

Ratgeber

Garnieren und Verzieren mit Schokolade oder Kuvertüre

Bei der Verwendung von Schokolade oder Kuvertüre ist darauf zu achten, dass sie nicht in Kontakt mit Wasser kommt. Bereits kleine Wassertropfen können die Schokolade oder Kuvertüre grisselig bzw. bröckelig werden lassen, so dass sie nicht mehr zum Garnieren oder Verzieren verwendet werden kann. Ausnahme: Beim Zubereiten von Spritzglasur machen 1–2 Tropfen Wasser, gut verrührt, die Schokolade geschmeidiger und spritzfähiger.

Schokoladenglasur

Zum Überziehen von Torten und Gebäck mit Schokoladenglasur Schokolade grob zerkleinern und mit Speiseöl in einem Topf im Wasserbad bei schwacher Hitze unter Rühren geschmeidig rühren. Auf 100 g Schokolade etwa 1 Teelöffel Speiseöl verwenden, so lässt sich die Glasur im festen Zustand schneiden, ohne zu zerbrechen.
Verwenden Sie Kuvertüre, so empfehlen wir, 100 g Kuvertüre mit etwa 25 g Kokosfett aufzulösen.

Gezogene Schokoladenglasur

Eine Torte mit 200 g geschmolzener dunkler Kuvertüre (mit 50 g Kokosfett) oder Schokolade (mit 2 Teelöffeln Speiseöl) überziehen. 25 g geschmolzene weiße Kuvertüre oder Schokolade in ein Pergamentpapiertütchen füllen und in Form einer Spirale auf den noch feuchten Guss spritzen (von der Tortenmitte ausgehend). Durch den noch feuchten Guss mit einem Holzstäbchen in gleichmäßigen Abständen etwa acht Mal von der Tortenmitte zum Rand und/oder umgekehrt ziehen.

Herstellen von Schokoladenspänen

Die Schokolade oder Kuvertüre grob zerkleinern, in einem Topf im Wasserbad bei schwacher Hitze geschmeidig rühren, auf eine Platte, z. B. Tortengarnierscheibe gießen, etwas verstreichen und fest werden lassen. Einen Spachtel in einem möglichst kleinen Winkel zur Platte halten und durch mehrmaliges, leichtes, gleichmäßiges Schaben entstehen schöne, große Schokolocken.

Für Späne von einem Stück gekühlter Schokolade oder Kuvertüre mit Hilfe eines Sparschälers Späne abschälen. Die Locken oder Späne möglichst nicht mit den Händen anfassen, sondern mit Hilfe eines Spachtels oder Tafelmessers versetzen.

Ausstechen von Schokolade-Motiven

Die Schokolade oder Kuvertüre grob zerkleinern und in einem Topf im Wasserbad bei schwacher Hitze geschmeidig rühren. Die Schokolade auf ein Stück Backpapier gießen, zu einer dünnen, glatten Fläche verstreichen und fast ganz fest werden lassen. Mit Ausstechförmchen Motive ausstechen, vorsichtig mit einem Messer auf ein anderes Stück Backpapier setzen und völlig erstarren lassen.
Sollte die Schokolade zu fest geworden sein, mit angewärmten Förmchen Motive ausstechen. Die

Motive möglichst nicht mit den Händen anfassen, sondern mit Hilfe eines Spachtels oder Tafelmessers versetzen.

Schokolierte Früchte

Schokolade oder Kuvertüre grob zerkleinern und im Wasserbad bei schwacher Hitze geschmeidig rühren. Vorbereitete Früchte, z. B. Weintrauben, Erdbeeren (wichtig ist, dass die Früchte trocken sind, ohne Wassertropfen) in die flüssige Schokolade oder Kuvertüre tauchen und auf einem Kuchengitter (Papier unterlegen) oder Pergamentpapier trocknen lassen.

Temperieren von Kuvertüre

Kuvertüre muss temperiert werden, damit sie nach dem Garnieren oder Verzieren wieder fest wird und einen schönen Glanz bekommt.
Zwei Drittel der zu verwendenden Kuvertüre bei schwacher Hitze in einem kleinen Topf geschmeidig rühren. Dabei darf die Kuvertüre nicht zu heiß werden. Tauchen Sie die Spitze eines Teelöffels in die geschmolzene Kuvertüre aus dem Topf und halten Sie sie an die Unterlippe. Fühlt sie sich kühl an, so muss sie noch etwas erwärmt werden. Wird sie leicht warm empfunden, so ist sie genau richtig und kann aus dem Wasserbad genommen werden. Ist sie heiß, so muss sie sofort aus dem Wasserbad genommen und einige Zeit abgekühlt werden (nicht kalt stellen), bis sie nur noch leicht warm ist.
Ein Drittel der Kuvertüre sehr fein hacken oder reiben und langsam unter die warme Kuvertüre rühren, bis die Kuvertürestückchen gelöst sind. Dabei die Kuvertüre nicht schlagen, damit keine Luftblasen untergerührt werden.
Anschließend die Kuvertüre nochmals ganz kurz im Wasserbad erwärmen, leicht umrühren und damit garnieren, verzieren oder überziehen.

Gelatine-Schule

Gelatine gibt es in Rot und Weiß, sowohl gemahlen als auch in Blatt-Form. Blattgelatine ist leichter portionierbar.
Wie viel Gelatine Sie brauchen, richtet sich nach der Menge der zu gelierenden Masse. Faustregel: 500 ml ($^1/_2$ l) Flüssigkeit wird mit 6 Blatt oder 1 Päckchen gemahlener Gelatine sturzfest.
Zum Auflösen eignet sich ein kleiner Topf, evtl. im Wasserbad. Gelatine sollte nicht kochen, da sie sonst ihre Gelierfähigkeit verliert.
Ohne Temperaturausgleich kann eine warme Gelatinelösung in Verbindung mit kalter Flüssigkeit Klümpchen bilden.
Gelatinespeisen nicht mit frischer Ananas, Kiwi, Mango, Papaya oder Feigen zubereiten, sie werden nicht fest. Diese Früchte verfügen über ein Enzym, das Gelatine auflöst. Diese Exoten deshalb vorher blanchieren, denn Hitze zerstört das Enzym.
Bei der Verwendung von Gelatine bitte auch die Packungsanleitungen beachten.

(Fortsetzung Seite 122)

Einweichen:

Blattgelatine in kaltem Wasser etwa 5 Minuten einweichen.

Gemahlene Gelatine mit 6 Esslöffeln kaltem Wasser, Saft oder Alkohol (je nach Rezept) in einem kleinen Topf anrühren und 5 Minuten quellen lassen.

Auflösen:

Gequollene Blattgelatine leicht ausdrücken und tropfnass in einem kleinen Topf bei schwacher Hitze auflösen.

Gequollene, gemahlene Gelatine unter Rühren bei schwacher Hitze auflösen.

Kalte Flüssigkeit oder Creme festigen:

Etwas von der zu festigenden Flüssigkeit zur lauwarmen Gelatinelösung geben und verrühren (= Temperaturausgleich). Mischung erst dann unter Rühren zur übrigen Flüssigkeit oder Creme geben.

Schlagsahne festigen, z. B. für Tortenfüllungen:

Schlagsahne in einer gekühlten Schüssel fast steif schlagen. Erst etwa 4 Esslöffel der fast steif geschlagenen Sahne mit der aufgelösten Gelatine verrühren (Temperaturausgleich), dann unter Rühren in die übrige Sahne geben und vollkommen

steif schlagen. Oder die lauwarme Gelatinelösung auf einmal unter Rühren zur fast steif geschlagenen Schlagsahne geben und die Sahne vollkommen steif schlagen.

Ausgelieren/Festigen:

Die fertige Torte/Speise mehrere Stunden in den Kühlschrank stellen. In kühlen Räumen (z. B. Keller) dauert das Festigen viel länger.

Papierspritztüte drehen und füllen

Ein rechteckiges Stück Pergamentpapier (etwa 25 x 30 cm) diagonal durchschneiden. Das Dreieck so halten, dass die rechtwinkelige Spitze nach rechts oben und die längste Spitze nach unten zeigt. Die lange Spitze mit der linken Hand festhalten, mit der rechten Hand die linke obere Spitze nach innen zu einer spitzen Tüte drehen und ungefähr auf die rechtwinklige Spitze legen. Das Loch der Tüte innen mit dem Daumen zuziehen und mit links die längste Spitze um die Tüte wickeln, dabei die Spitze nach oben zu den anderen Spitzen ziehen. Die Ränder, an denen die Spitzen übereinan-

der liegen, mehrfach nach innen umschlagen, damit die Tüte nicht mehr verrutscht.

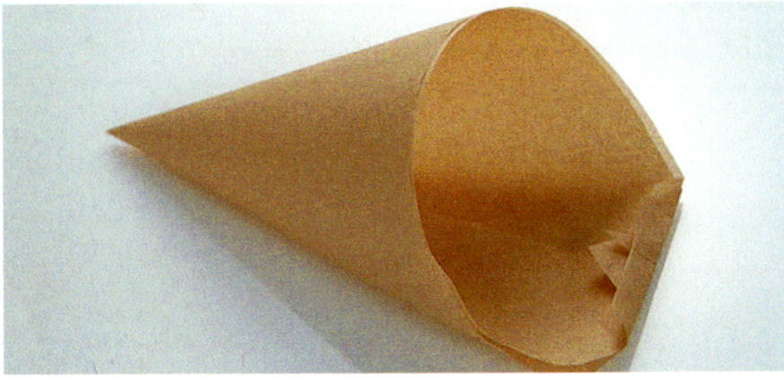

Zum Füllen die Tüte am umgeschlagenen Rand festhalten und mit einem Teelöffel etwas Zuckerguss oder geschmolzene Schokolade einfüllen. Die Tüte nur knapp bis zur Hälfte füllen. Die Ränder zusammenlegen und mehrfach umklappen. Anschließend eine kleine Spitze von der Tüte abschneiden und das Gebäck verzieren.

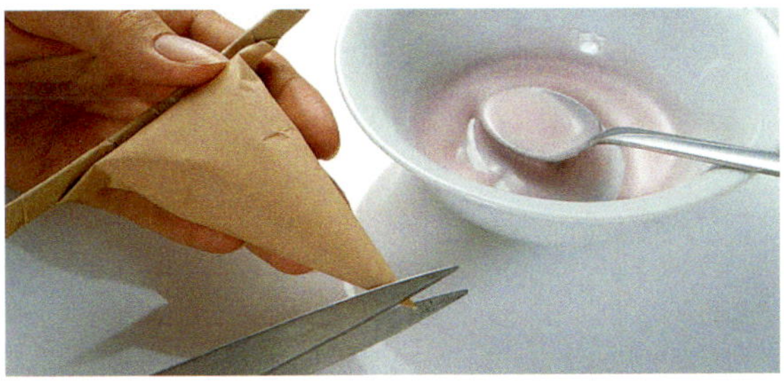

Alternativ zur Papierspritztüte können Sie auch einen kleinen Gefrierbeutel verwenden, den Guss einfüllen, die Öffnung des Beutels zusammendrehen, eine kleine Ecke abschneiden und das Gebäck verzieren. Der Gefrierbeutel lässt sich aber nicht so gut halten und führen, die Papierspritztüte hat mehr Stabilität.

Marzipanblätter und -blüten herstellen

Für die Marzipanmasse 100 g Marzipan-Rohmasse mit 20 g Puderzucker verkneten. Für die Blüten gut die Hälfte des verkneteten Marzipans mit roter Speisefarbe einfärben und zu einer etwa 1 cm dicken Rolle formen. Die Rolle in gut 1 cm breite Stücke schneiden. Für eine Rose einen 3 cm langen Kegel formen. Für die Blütenblätter die einzelnen Marzipanstücke nochmals kneten, zu Kugeln formen und zwischen 2 Folien zu runden Platten ausstreichen, die zum Rand hin dünner werden.

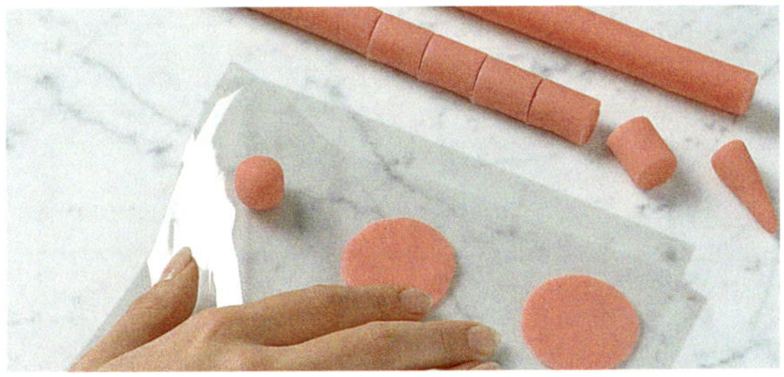

Die Marzipanrosenblätter so um den Kegel legen, dass die Spitze des Kegels nach oben zeigt und leicht in der Blüte versinkt.
Die Blätter unten an dem Kegel fest andrücken und die Blattränder etwas nach außen biegen.
Jeweils 5–6 Blütenblätter für eine Rose verwenden.

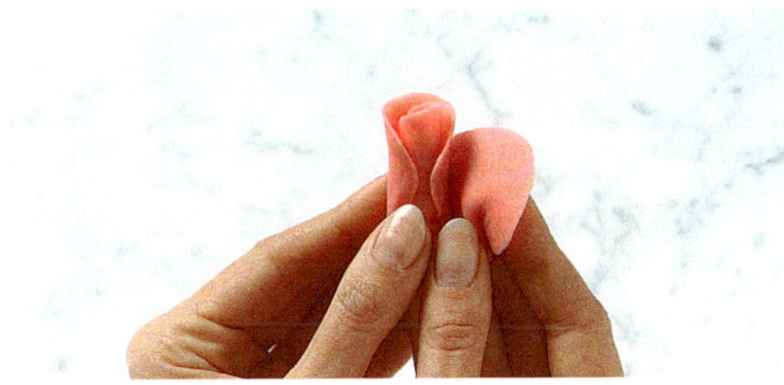

Die fertigen Rosen vor der Verwendung 30 Minuten bei Zimmertemperatur trocknen lassen, dann das untere Viertel (dicker Stiel) mit einem scharfen Messer vorsichtig abschneiden.
Für die Blätter etwas verknetetes Marzipan mit grüner Speisefarbe färben und zu einer etwa 1 cm dicken Rolle formen. Die Rolle in gut 1 cm breite Stücke schneiden, die Stücke flach andrücken und die Blätter herausschneiden. Die Blattvertiefungen mit einem Messer einkerben und die Blätter leicht wellenartig verbiegen.
Die Blätter ebenfalls 30 Minuten bei Zimmertemperatur trocknen lassen, dann mit den Rosen z. B. auf eine Torte setzen. Aus ungefärbter Marzipanmasse nach Belieben einen Stiel formen.

Kapitelregister

Köstliche Klassiker

Torten für Kinder

Kapitelregister

Festliche Torten

Fruchtige Torten

Alphabetisches Register

Alphabetisches Register

Umwelthinweis Dieses Buch und der Einband wurden auf chlorfrei gebleichtem Papier gedruckt. Die Einschrumpffolie – zum Schutz vor Verschmutzung – ist aus umweltfreundlichem und recyclingfähigem PE-Material.

Wenn Sie Anregungen, Vorschläge oder Fragen zu unseren Büchern haben, rufen Sie uns unter folgender Nummer an
0521 155-2580 oder 520651 oder schreiben Sie uns:
Dr. Oetker Verlag KG, Am Bach 11, 33602 Bielefeld
oder besuchen Sie uns im Internet unter www.oetker.de.

Bei den in diesem Buch verwendeten Rezeptnamen handelt es sich zum Teil um eingetragene Marken.

Wir danken für die freundliche Unterstützung Henkell & Söhnlein Sektkellereien KG, Wiesbaden

Copyright © 2004 by Dr. Oetker Verlag KG, Bielefeld

Redaktion Sabine Puppe

Titelfoto Thomas Diercks, Hamburg
Innenfotos Ulli Hartmann, Bielefeld (S. 5, 11, 15, 21, 25, 29, 33, 35, 47, 53, 59–63, 71, 73, 77, 85, 89, 95, 99–105, 109–115)
Thomas Diercks, Hamburg (S. 19, 27, 37, 39, 45, 67, 75, 81, 83, 97, 107, 117)
Kramp & Gölling, Hamburg (S. 23, 91)
Ulrich Kopp, Sindelfingen (S. 31, 69, 79)
Bernd Lippert, Bielefeld (S. 51, 57, 87)
Brigitte Wegner, Bielefeld (S. 9, 13, 17, 41, 43, 49, 55, 65, 93, 119)

Foodstyling Claudia Glünz, Nordhorn

Rezeptentwicklung und -beratung Sabine Lange, Oetzen

Nährwertberechnungen Nutri Service, Hennef

Grafisches Konzept kontur:design, Bielefeld
Gestaltung kontur:design, Bielefeld
Titelgestaltung kontur:design, Bielefeld

Reproduktionen MOHN Media • Mohndruck GmbH, Gütersloh
Satz JUNFERMANN Druck & Service, Paderborn
Druck und Bindung APPL Druck GmbH & Co. KG, Wemding

Die Autoren haben dieses Buch nach bestem Wissen und Gewissen erarbeitet. Alle Rezepte, Tipps und Ratschläge sind mit Sorgfalt ausgewählt und geprüft. Eine Haftung des Verlages und seiner Beauftragten für alle erdenklichen Schäden an Personen, Sach- und Vermögensgegenständen ist ausgeschlossen.

Nachdruck, auch auszugsweise, nur mit ausdrücklicher Genehmigung und Quellenangabe gestattet.

ISBN 3-7670-0821-1